《青少年校园足球活动指导书》编委会

顾　问　郭蔚蔚　高　翔

总主编　王崇喜　赵宗跃

编　委　(按姓氏笔画为序)

　　　　王建智（郑州大学）

　　　　王崇喜（黄河科技学院）

　　　　田　剑（河南大学）

　　　　左晓东（郑州大学）

　　　　吕　刚（郑州轻工业学院）

　　　　刘俊凯（河南省基础教育教研室）

　　　　陈　玉（郑州师范学院）

　　　　赵宗跃（河南大学）

　　　　赵超君（黄河科技学院）

青少年校园足球活动指导书　总主编／王崇喜　赵宗跃

青少年校园足球活动指导书

游戏篇

主　编　王建智　陈　玉

参编人员（按姓氏笔画为序）
王建智（郑州大学）
陈　玉（郑州师范学院）
陈　祎（郑州大学）
陈　斌（郑州市第二中学）
张　磊（信阳师范学院）
程　路（郑州市金水区教育局）
窦志刚（河南省实验中学）

河南大学出版社
HENAN UNIVERSITY PRESS

·郑州·

图书在版编目(CIP)数据

青少年校园足球活动指导书.游戏篇/王建智,陈玉主编.—郑州:河南大学出版社,2017.12

(青少年校园足球活动指导书/王崇喜,赵宗跃总主编)

ISBN 978-7-5649-3119-3

Ⅰ.①青… Ⅱ.①王…②陈… Ⅲ.①足球活动－中小学－教学参考资料 Ⅳ.①G634.963

中国版本图书馆 CIP 数据核字(2017)第 320414 号

责任编辑　薛巧玲
责任校对　晓　雪
封面设计　郭　灿

出版发行	河南大学出版社
	地址:郑州市郑东新区商务外环中华大厦2401号　邮编:450046
	电话:0371-86059701(营销部)　网址:www.hupress.com
排　版	郑州市今日文教印制有限公司
印　刷	河南博雅彩印有限公司
版　次	2018年1月第1版　　印　次　2018年1月第1次印刷
开　本	787mm×1092mm　1/16　印　张　8.25
字　数	148千字　　　　　　　定　价　22.00元

(本书如有印装质量问题,请与河南大学出版社营销部联系调换)

序　言

习近平总书记指出：少年强、青年强则中国强。少年强、青年强是多方面的，既包括思想品德、学习成绩、创新能力、动手能力，也包括身体健康、体魄强壮、体育精神。既把学习搞得好好的，又把身体搞得棒棒的，做到德智体美全面发展，将来成为祖国建设的栋梁之材。强化学校体育是全面推进素质教育、促进学生身心健康全面发展的重要途径，对于促进教育现代化、建设健康中国和人力资源强国、实现中华民族伟大复兴的中国梦具有重要意义。发展青少年校园足球活动作为落实立德树人的根本任务、培育和践行社会主义核心价值观的重要举措和推进素质教育、引领学校体育改革创新的重要突破口，对推动学校体育发展、促进学生全面健康成长、培养德智体美全面发展的社会主义建设者和接班人具有重要的意义。习近平总书记指出：足球运动的真谛不仅在于竞技，更在于增强人民体质，培养人们爱国主义、集体主义、顽强拼搏的精神。我们在推进校园足球的工作中，要充分发挥足球的育人功能，遵循人才培养和足球运动的发展规律，理顺管理体制，完善激励机制，优化发展环境，大力普及足球运动，培育健康足球文化，弘扬阳光向上的体育精神，促进青少年身心健康、体魄强健、全面发展，为提升人口素质、推动足球事业发展、振奋民族精神提供有力支撑。当前校园足球活动蓬勃发展，体制机制不断完善，发展模式不断创新，发展规模不断扩大，社会各界对学校体育在思想观念和认识上有了巨大的转变，目前全国已经建成了 2 万多所校园足球特色学校。

河南省开展校园足球活动遵循育人为本、重在普及、广泛动员、人人参与、夯实基础、稳步提高的指导思想，青少年参与足球活动的积极性不断增强，足球人口数量不断增加，当前国家级校园足球特色学校已经达到 1575 所，校园足球活动得到社会的广泛支持与认可。但校园足球的发展还很不平衡，存在着普及面不广、足球课教学质量有待提高、足球训练水平较低、保障能力不足、缺少高质量的技术支持

YOU XI PIAN

等问题。鉴于这种情况,为了保证我省校园足球活动的持续健康发展,必须进一步健全校园足球管理制度,提高管理人员和足球教师的整体素质,为校园足球工作提供有力的技术保障。为此河南省校园足球工作领导小组办公室组织编撰《青少年校园足球活动指导书》,整套书由教学篇、训练篇、竞赛篇、游戏篇4册组成,以便为校园足球教学、训练、竞赛水平的稳步提高提供有力的技术保障。编写组由在教学、训练、竞赛等方面具有丰富经验的科研人员和大、中、小学足球教师组成,参与编写的同志们本着对学校体育事业的忠诚,努力探索校园足球工作的规律,克服诸多困难,编写力求体现指导性、实用性和创新性,经过不懈的努力,终于完成此套丛书的编写。在此,对他们这种求真务实的精神表示致敬,并祝愿校园足球工作取得更大成绩。

2017 年 10 月

前　言

为贯彻落实《中国足球改革发展总体方案》和《中国足球中长期发展规划（2016—2050年）》对发展校园足球的总体要求，深化各地中小学足球教学改革，积极推进校园足球普及，校园足球活动把坚持立德树人、普及足球运动、培养学生综合素质和促进青少年健康成长定为长期发展目标，旨在提升全体国民的身体素质和体质。

根据教育部等六部委共同提出的《关于加快青少年校园足球实施意见》的精神，进一步推广校园足球活动在青少年中的广泛开展和可持续发展，提高青少年参与校园足球活动的兴趣，落实河南省提出的"八个一"的校园足球活动指导方针，提高足球课程教学和训练的趣味性，我们编写了《青少年校园足球活动指导书——游戏篇》。

俗话说"兴趣是最好的老师"，在兴趣的指引下青少年能够很快地接受足球运动，并积极地参与其中。那么，通过什么样的方式让青少年接触足球？又通过什么活动让青少年参与到足球运动中？如何提高青少年对足球运动的兴趣？这些问题的答案都可以通过足球游戏来实现。通过参与足球游戏让青少年认识足球，了解足球；通过足球游戏让青少年从中获得乐趣，从而喜欢足球运动；通过足球游戏学习足球知识，掌握足球技能，为自己更好地参与到足球活动中打下良好的基础。

在河南省的1500多所足球特色学校中，足球课已经成为体育与健康课程的主要学习内容，面对足球课专业教师匮乏、足球场地有限等问题，如何发挥现有教师的最大能力，成为现阶段我们所面临的主要困难。利用足球游戏进行足球课程教学，既能活跃课堂气氛，又可以降低教师教学难度；既可以培养学生的学习兴趣，又可以练习足球技能，充分体现"师生互动"和"生生互动"，保证足球课程的顺利开展和进行。为培养学生足球兴趣、上好足球课提供指导和帮助，本书为广大师生提供了各种游戏的范例,并为部分游戏配了视频,用手机扫描图下的二维码即可观看视频。游戏视频中队员着装与队员人数与文中所述有不尽一致的地方,仅作示范之用,在实际游戏活动中,教师可以灵活掌握。

  本书由王建智、陈玉担任主编,由张磊、陈祎、陈斌、窦志刚、程路参编,各个章节编写分工如下:第一章、第二章由陈祎(郑州大学体育学院)负责编写;第三章由张磊(信阳师范学院)负责编写;第四章第一节由王建智(郑州大学)负责编写;第四章第二节由陈玉(郑州师范学院)负责编写;视频拍摄和制作主要由陈斌(郑州市第二中学)、程路(金水区教育局)、窦志刚(河南省实验中学)负责完成。本书不足之处还希望各位读者批评指正。

  在此,对给予本书大力支持的卡尔美(中国)有限公司、一刻足球、威正体育、麦卡体育表示衷心的感谢!

编者
2017 年 10 月

目　录

第一章　足球游戏基本理论 …………………………………………………（ 1 ）
　　第一节　足球游戏概述 ………………………………………………（ 1 ）
　　第二节　足球游戏特点 ………………………………………………（ 5 ）
　　第三节　足球游戏的意义和功能 ……………………………………（ 7 ）

第二章　足球游戏的设计原理 ………………………………………………（ 10 ）
　　第一节　足球游戏的设计原则 ………………………………………（ 10 ）
　　第二节　足球游戏的构成要素 ………………………………………（ 12 ）
　　第三节　足球游戏的设计方法 ………………………………………（ 14 ）
　　第四节　足球游戏设计的注意事项 …………………………………（ 18 ）

第三章　足球游戏的分类与实例 ……………………………………………（ 22 ）
　　第一节　球性球感类游戏 ……………………………………………（ 22 ）
　　第二节　运球类游戏 …………………………………………………（ 28 ）
　　第三节　传接球类游戏 ………………………………………………（ 56 ）
　　第四节　头顶球游戏 …………………………………………………（ 75 ）
　　第五节　抢截类游戏 …………………………………………………（ 79 ）
　　第六节　射门类游戏 …………………………………………………（ 80 ）
　　第七节　守门类游戏 …………………………………………………（ 85 ）

第八节 组合技术类游戏 ……………………………………………………（87）

第九节 团队意识类游戏 ……………………………………………………（89）

第四章 足球文化节和嘉年华活动的组织与实施 ……………………………（109）

第一节 足球文化节与嘉年华活动的基本概述 ……………………………（109）

第二节 足球文化节和嘉年华活动组织范例 ………………………………（114）

参考文献 ………………………………………………………………………（125）

第一章　足球游戏基本理论

本章提要：本章内容主要是从理论角度论述足球游戏的概念、足球游戏的特点和功能。本章从游戏概念入手，通过分析游戏、体育游戏的概念从而得出足球游戏的概念。在体育游戏特点的基础上分析总结出了足球游戏的特点和功能。

 足球游戏概述

一、足球游戏的概念

1. 游戏的概念

游戏在本质上是一种从劳动中产生并在劳动之余进行的社会实践活动，是人类生存和发展中由于自身需要而产生的，是人类进步及社会化的产物，也是人类社会发展中形成的一种文化。许多人类学家、社会学家和教育学家都在对游戏进行研究和探索，从不同的角度和领域给出了游戏的定义和概念。

《现代汉语词典》中给游戏的解释是："①娱乐活动……某些非正式比赛项目的体育活动如康乐球……②玩耍……"

《辞海》中对游戏的定义是："文化娱乐的一种，有发展智力的游戏和发展体力的游戏两类。前者包括文字游戏、图画游戏、数字游戏等，习称'智力游戏'；后者包

括活动性游戏(如捉迷藏、搬运接力等)和非竞赛性体育活动(如康乐球等)。"

《体育大词典》对游戏的解释是:"是一种随个人意志而自由选择的活动,以获得直接欢乐,作为参加活动的虚构性活动……"

美国学者施密茨(Schmitz,K.L)说:"竞技运动从根本上讲是游戏的延长,它的基础在于游戏,它的主要价值是从游戏中派生出来的。"

日本学者今春浩明说:"竞技运动从广义上来讲与游戏同义,从狭义上来讲认为竞技运动是游戏的各种形式之一。"

德国的哲学家席勒把游戏分为两类,一类为"自然的游戏",另一类为"审美的游戏"。自然的游戏当然是指包括人在内的所有动物的那些游戏;而审美的游戏则唯人类才有的游戏。(项江.论体育游戏的游戏性[D].首都体育学院,2008.5)

《体育游戏概述》中的游戏定义:游戏是一种特殊的社会实践活动,是由人类的身心需要引发的,是人们自由选择以人类自身为对象,不产生社会意义产物的娱乐、健身活动的总称。

从以上学者的观点来看,游戏是人类的一种特殊活动,是人类劳动过程中为了达到休闲的目的而产生的,是竞技体育运动的根源。通过游戏可以学习、改善和提高生存活动的技能,同时又能提供娱乐与休闲所必需的趣味性,这也是游戏的本性。

2. 体育游戏的概念

体育游戏是在游戏的基础上与体育运动有机地结合而派生出来的,是游戏的一个分支,既具有游戏的特点,又具有体育运动的竞技性,与体育运动密不可分。

藤达(2005)在《体育游戏基本理论问题的探讨》中通过对游戏含义和体育含义的分析及对专家意见的综合,认为体育游戏是游戏的一个分支,它是以身体练习为基本手段、促进人身心的全面发展为目的、是体力活动和智力活动相结合、富有浓厚娱乐气息和鲜明教育意义的游戏活动。

刘福林(2006)在其主编的《体育游戏》一书中认为,如果从以娱乐为主的角度来讲,体育游戏的定义广义应该是在一定规则的约束下,通过身体运动的方式进行的一种娱乐活动。但是,体育游戏在学校体育教育应用中是属于一种教育性游戏,它主要是一种体育教育的手段,其目的是为了增进学生身心健康,促进身体的全面发展，掌握生活中各种基本的活动技能。

林君薇（2009）在《体育游戏论》中认为，体育游戏是一种集体能、智能、技能为一体的综合性活动，是一种颇具智慧运用，思维、想象与创造等多种成分于一体，有着比较复杂的心理和思维过程的益智活动。

姚维国在《体育游戏》一书中有关体育游戏的定义是：体育游戏是在体育运动的基础上，根据健身、教育等的需要，有针对性地拟定有教育意义的情节和竞技性较强的比赛规则而创编的游戏。

3. 足球游戏的概念

通过以上对"游戏"和"体育游戏"定义的理解和认识，根据足球运动的特点以及体育游戏的特点，将足球游戏的定义进行如下归纳。

广义的足球游戏是指利用足球开展的以娱乐为目的的游戏形式。

狭义的足球游戏是指以足球为主要的活动器材，在特定的目标和任务的要求下，按照一定的规则，在规定的区域内利用足球基本技术和战术进行的具有趣味性、健身性和技能实践性的游戏活动。

二、足球游戏的目的

1. 提高学生学习足球的积极性和兴趣

足球游戏最大的特点就是趣味性强，学生能够通过游戏获得快乐。足球游戏和足球基本技术与技能的学习是相辅相成、相互促进的。学生通过积极参与游戏来体会足球带来的快乐，提高学习足球的兴趣和积极性。积极性提高了，学习效率就会提高，掌握技术就快，再次进行游戏时就会收获更多的快乐。

2. 提高学生大脑皮层的兴奋性

运动技能的学习是一种条件反射的建立过程，是大脑皮层中枢神经系统对肌肉的控制过程。通过足球游戏的介入可以尽快地调动大脑皮层的兴奋性，为技术学习打下良好的基础。

3. 训练学生基本技术的运用能力

足球技术是指在足球比赛中所采用的合理的动作方法的总称。技术来源于比赛，也应用于比赛，也就是说足球技术是从比赛中来，再到比赛中去。足球游戏也是在规则的规定下按照一定的方式进行的"小型比赛",这样的比赛的竞争对手有可能是同伴,也有可能是自己。通过足球基本技术的学习掌握了一定的技术能力,通过足球游戏,就可以检验这样的技术能力运用得如何,是否真正能够运用自如。

4. 具有准备活动性质的游戏可以使学生充分热身,尽快投入课堂学习

准备活动的目的就是尽快地使机体进入最佳的学习状态或比赛状态。足球游戏可以提高大脑皮层的兴奋性,使机体获得充分活动,达到热身的目的,从而尽快地投入课堂教学和训练。

5. 培养学生集体主义精神和良好的道德品质

足球运动是一项集体运动项目,单靠一个人的力量是很难完成最终任务的。足球游戏在设计时同样也会考虑到这一点,通过积极的团队合作,队友间相互支持与信任,从而达到最终的目的。通过足球游戏建立队友之间的信任,加强对手之间的交流,端正学习态度,学会尊重队友、尊重对手、尊重规则,养成良好的道德品质。

三、足球游戏的理念

校园足球是以普及足球运动为目的开展的,使学生学习足球技能从而达到锻炼身体、增强体质的目的。在学生不同的年龄阶段,我们进行足球教育的理念是有所不同的。小学阶段主要培养学生对足球产生兴趣;中学阶段,学生能够主动地进行足球运动,从足球运动中寻找乐趣;大学阶段,学生通过自己的学习,充分认识到足球运动的本质,主动通过足球运动锻炼身体,从内心建立对足球运动的热爱。

1. 培养兴趣

在小学阶段,学生对于自我爱好还没有建立,各种体育项目都能吸引学生积极参与。根据学生这样的特点,在这个阶段就应该更多地通过足球游戏来吸引学生关注足球运动、参与足球游戏,激发学生们对足球运动的热爱。

2. 自寻乐趣

在中学阶段,由于学生通过小学的兴趣培养,对足球运动有了积极参与的意识,这就需要给学生充足的空间和时间让他们主动参与到足球运动中来。这一阶段的学生正处在青春发育期,叛逆心理会对其造成一定的影响,如果在这个时候强迫学生进行足球练习和训练,有时可能会起到不好的效果。在保持学生们的乐趣的同时进行适当的训练和教学,通过游戏提高学生的兴趣,在其进行足球运动时加以指导,就会促进他们对足球学习的兴趣,从而让其通过足球运动寻找欢乐。

3. 建立志趣

大学阶段,学生具备了辨别是非的能力,能够很好地支配自己的爱好和乐趣,对足球的认识也会有自己的理解。在这样的前提下,作为教师和教练员要通过足球游戏给学生带来乐趣,给学生建立正确的足球观,解放思想,让学生们在正确的价值观、人生观、道德观和足球观的指引下,共同追求足球的志趣。

第二节　足球游戏特点

足球游戏既然是游戏,就具备游戏的趣味性、互动性、包容性、竞争性和目的性的特点。除此之外,足球游戏还具备了足球运动技能学习和运用的易行性和进阶性。

一、足球游戏的趣味性

足球游戏形式多样,内容丰富,既具有竞争性,又具有娱乐性,能够最大限度地满足踢球者对足球运动的喜爱,并从足球运动中获得快乐、学习技能,寻求足球运动带来的新异刺激。在足球游戏中,游戏者充分体验游戏带来的快乐,享受游戏的每一个过程,从而释放压力,在欢乐中得到锻炼和学习技能的目的。

二、足球游戏的互动性

互动就是一种社会交往,主要是心理交感和行为交往过程。足球游戏能够给参与者提供交互平台,让参与者通过游戏过程进行语言和肢体上的交流,达到"生—生互动"。在游戏过程中,教师和学生之间通过讲解游戏规则和在游戏过程中对胜利者进行奖励和鼓励达到师生交流的目的,从而达到"师—生互动"。

三、足球游戏的包容性

足球游戏的包容性主要体现在两个方面，一是在游戏过程中游戏内容的包容性。足球技术内容丰富，练习方式方法多样，在游戏中选择面较广，无论是单个技术还是多元组合技术都可以在足球游戏中体现。二是游戏参与者的包容性。足球游戏是游戏的一种，在游戏中无论参与者技术能力如何，都应该能够参与其中，从足球游戏中获得最大的乐趣，感受足球带来的欢乐，并在足球游戏中学习并运用足球技术。因此对于参与对象的运动能力，无论强与弱都应该能够参与其中，体验足球带来的乐趣。

四、足球游戏的竞争性

竞争性是足球运动的最大特点，同时也是足球游戏应该具备的特点。竞争是在规则的规定范围内，通过激烈的对抗和争夺，达到克制对手、战胜对手的目的。通过竞争可以培养参与者竞争意识、进取精神及良好的心理素质。足球游戏在进行中具有竞赛因素和技术因素，通过游戏提高在竞赛压力环境下的技术运用的能力，对于参与者更具有吸引力。游戏中通过一定的情景的设定可以增加游戏的趣味性，从而提高足球游戏的参与度。足球游戏和足球运动一样，一般是以竞争到最后取得胜利而告终的，因此足球游戏具有强烈的竞争性。在游戏的过程中，参与者既有体力的竞争，也有技术的竞争，同时还有心理的竞争，能够在最后取得胜利的参与者往往是各种能力综合运用的结果，所以说足球游戏既能提高参与者的运动能力，同时也能锻炼心理适应能力。

五、足球游戏的目的性

足球游戏是一种有意识的行为，有着明确的目的性。通过足球游戏，既要增强参与者的身体素质，提高灵敏性和协调能力，又要提高参与者的足球技术运用能力，另外还能对参与者进行集体主义、团结协作精神的教育。这些都可以体现足球游戏的目的性，针对不同目的可以有针对性地对参与者进行锻炼和教育，从而使得足球游戏在教学和训练中更有针对性。

六、足球游戏的易行性

足球运动与其他运动项目有所不同,主要是通过下肢对球进行控制,来完成技术动作。因此对参与者的技术要求较高,在进行游戏过程中,为了更好地体现游戏的趣味性和游戏的连续性,减少教师打断游戏进行指导的次数,足球游戏必须简单易行,便于操作。

七、足球游戏的进阶性

由于足球技术与技能的学习是一个由易到难、由简单到复杂、由单一技术到组合技术的循序渐进的过程,所以在游戏的过程中,游戏内容的设置也可以按照由易到难、由简单到复杂来安排。同一内容的足球游戏,由于游戏要求不同或者规则有所变化就能够体现出游戏的难易程度。相对简单的游戏可以作为初级游戏,而相对较难的游戏可以作为提高一级的游戏。因此,足球游戏可以根据学生技术水平的不同,适当地改变练习条件和规则,从而使游戏具有进阶性。

第三节 足球游戏的意义和功能

一、足球游戏的意义

足球游戏形式多种多样,通过游戏的形式不仅可以使学生练习所学的足球基本技术,还可以让学生参与到集体活动当中,让学生有社会存在感。对于足球游戏的意义主要归纳为以下几点:

(1) 促进学生练习所学的足球技术。

(2) 满足学生之间的情感需求和建立稳定关系。

(3) 促进学生认知能力的提升。

(4) 促进学生社会性能力的发展。

(5) 培养学生的意志品质和健全的人格。

二、足球游戏的功能

1. 培养足球兴趣

足球游戏可以丰富教学和训练的活动内容,活跃气氛,使得枯燥无味的训练和教学变得生动。在枯燥的足球技术教学和训练中,通过游戏可以使参与者感受快乐,从而提高其对足球的兴趣。比如在枯燥无味的颠球技术教学和训练中,学生在练习的过程中会感到很乏味,甚至会产生抵制情绪,对足球运动产生厌烦,放弃足球学习和训练。如果在颠球过程中加入"颠球比赛接力"或者"进化论"这样的游戏,学生有了竞争意识,都想取胜,课堂效果就不同了。

2. 提高足球技能

足球游戏的内容都是根据足球运动的基本技术和技能来制定的,在进行足球游戏的过程中自然而然地运用到了足球技术。在激烈的游戏竞争环境下,参与者通过足球技术的运用达到战胜对手、取得胜利的最终目标。在这个过程中,足球技术得到了充分的运用,并且为了能够取胜,参与者会将技术发挥到极致,通过这样的过程提高足球技术和技能。

3. 减轻学习压力

足球游戏据有很强的趣味性,在进行枯燥无味的技术练习时,通过游戏可以提高学生学习足球的兴趣,在游戏中获得欢乐,愉悦身心,从而减少反复练习技术带来的压力。

4. 培养良好道德品质

足球游戏可以培养参与者的团队合作意识和积极拼搏精神。足球游戏和足球运动一样都是在一定的规则下进行的,通过游戏可以培养参与者遵章守法的意识,养成良好的遵守规则的习惯。在团队竞争游戏中,通过队友之间的相互协作,共同完成任务战胜对手,建立队友之间的相互信任,培养团队意识和团队协作能力。在为了获得最后胜利的过程中,参与者会为了团队的共同目标而积极拼搏,努力进取,争取最后的胜利。通过这样的过程自然而然地激发参与者的进取精神和拼搏意识。

5. 调动想象力

通过足球游戏可以调动参与者的想象力，促进智力的发展。在进行足球游戏的过程中，参与者为了获得胜利，战胜对手，在规则规定的范围内充分发挥自己的想象力和独特的思维方式，合理利用规则达到目的。这样的思维过程有助于参与者发展智力，开拓思维方式，锻炼领导能力和沟通能力。

6. 分享快乐

通过游戏的趣味体验，将自己获得的快乐与同伴一起分享，在分享的同时建立彼此之间的相互信任和友谊，从而获得更多的快乐。通过快乐的分享也锻炼了参与者的沟通能力，使参与者更好地融入团队中，从团队中再次获得快乐。

第二章 足球游戏的设计原理

> **本章提要**：本章从足球游戏设计的原则入手，根据足球课程和训练的要求，按照足球游戏构成的要素，介绍了如何设计足球游戏，并提出了在游戏设计中的注意事项。

第一节 足球游戏的设计原则

一、安全性原则

安全性原则是指在设计游戏时要充分考虑安全因素，避免事故的发生。比如在设计对抗性游戏时，参与者有一定的身体接触，这时就要把安全问题考虑在内。在设计带有运动器材类游戏时，要考虑器材的安全使用，如果使用的是自制器材，器材的安全性要进行科学的评估，尽可能多地考虑到可能发生的危险因素，把可能对参与者造成伤害的因素降到最低。

二、趣味性原则

趣味性是足球游戏的本质之一。在足球技术训练中，一些技术内容枯燥乏味，练习者没有学习兴趣。如果在这个练习的过程中加入足球游戏，发挥游戏的趣味性，充分调动参与者的积极性，从而对练习内容不产生抵制情绪，使得练习气氛活跃，圆满地完成练习任务。

三、针对性原则

游戏设计的针对性主要是指以下两个方面:第一,参与对象的针对性。针对不同年龄阶段的不同参与者,选择和设计游戏内容、游戏安排的时间和阶段都需要有针对性。针对年龄较小的初学者,应该注重游戏的娱乐性,设计趣味性强、以单一技术为主要内容的游戏;针对有一定足球技术的参与者,应该设计既有娱乐性又有技术性的游戏,游戏中的技术运用可以更多地以组合技术为主;针对年龄稍大、技术能力较强的参与者,则应该更多地考虑组合技术、技能、战术意识和团队意识培养的内容。第二,游戏内容的针对性。根据每节课练习的主要内容不同,应该设计选择针对具体教学和训练内容的游戏。例如在教学中,这节课要进行短传球教学,在准备活动中的游戏就应该以短传球的游戏为主要内容,比如"无敌风火轮"游戏。如果在训练中,这堂课是以提高短传球的准确性为训练内容,在游戏安排时就可以安排"保龄足球"游戏。

四、参与性原则

参与性原则指的是在设计足球游戏时,首先,游戏的形式和内容要让参与者能够进行实践,并且能够通过实践获得一定的乐趣。因此游戏内容的选择要简单,技术性要适当,针对不同的参与对象设计不同的游戏内容。比如针对小学1—2年级的学生,进行运球游戏时就可以更多地设计直线运球,减少曲线运球和变向运球,降低游戏中因为技术难度给参与者带来的压力。其次,要考虑在游戏过程中参与游戏的人数以及每个参与者参与的次数和时间,让更多的人在同一时间都能够参与到游戏中,减少等待的时间。比如在进行运球游戏"搬运工"时,根据人数的多少我们可以设计不同的组数,人多组数相对就多,人少组数相应减少。在每一次进行搬运时,每次出发的人数也可以进行调整,如果每组人数较多,就可以3人一组或者4人一组进行搬运,增加了每个人参与游戏的次数和时间,每次等待的时间就会缩短,参与性就更强。

五、进阶性原则

进阶性原则是指根据参与对象足球水平不同,或者同一参与对象在学习足球技术的不同时期,针对相同的游戏内容要有一定的难易区分。初学者适合较为简单的游戏,而有一定技术能力的则适合难度稍高的游戏。例如在进行传球准确性游戏"足球高尔夫"中,对于初学者就可以缩小参与者跑动的范围,从而减少传球距离,降低游戏难度;对于有一定基础的参与者就可以不规定跑动范围,跑得远自然就加大了传球的难度。当初学者能够适应简单的游戏后,就可以改变游戏条件,从而达到进阶性的目的。

六、可执行性原则

可执行性原则是指在足球游戏的设计中,设计的内容和形式要具有可操作性。游戏是作为教学和训练的辅助手段,一般在教学过程中所占用的时间并不长,因此在有限的时间内安排游戏就需要具有较强的可操作性和操作过程的简易性。快速利用若干标志物和器材安排游戏场地,简洁的口令调动队形,简练的语言讲清楚游戏规则和过程,这些都是设计游戏过程中可执行性原则的体现。

第二节 足球游戏的构成要素

一、组织对象(年龄、性别)

游戏的主体是游戏的参与者,我们要根据参与者的具体特点来合理设计足球游戏。年龄小的以基本技术为主,素质类游戏多以灵敏、协调、柔韧为主,尽量避免力量、耐力类游戏。随着年龄的不断增大,战术因素在游戏中体现得越来越多,而素质类游戏则逐步开始加入力量和耐力的内容。

表 2-2-1　各年龄阶段主要游戏内容安排

年龄阶段	主要游戏内容
6—8	灵敏、协调、柔韧、球性球感、运控球、射门
8—12	灵敏、协调、柔韧、运控球、传球、射门

续表

年龄阶段	主要游戏内容
13—15	速度、力量、耐力、技术、战术
16—18	速度、力量、耐力、战术
18—20	力量、耐力、战术

二、组织游戏所用器材

游戏器材是游戏的一个重要组成部分,充分合理利用器材可以最大限度地发挥游戏的特点和作用,提高教学和训练的效果。在器材使用上我们要注意以下几点:

(1) 明确各类器材的具体使用方法。

(2) 发挥想象力,开发原有器材的新功能。

(3) 注意器材使用时的安全性。

(4) 器材的使用易简不易繁。

三、游戏场地

游戏设计时,场地的大小、条件、有效区域必须要考虑在内。场地的大小是指能使用的区域的大小,场地大,游戏设计就相对容易;如果场地受到局限,则在设计游戏时就需要考虑如何分组、每组人数等等来适应场地。场地的条件指的是场地的材质和平整度。现在一般学校都有正规的足球场地,这样的场地条件相对较好,或者在塑胶的篮球场和排球场,这样的场地都相对平整,在游戏时对球的干扰不大。而一些条件一般的学校则是土场地,或者是没有合理维护的草地,场地相对不平整,在游戏安排时如果是运球或者是传球类游戏,则场地对游戏的干扰相对就大,游戏效果就会受到影响。

四、游戏时间

合理地安排游戏的时间,决定了游戏的量与强度大小。游戏时间与游戏的量和强度成正比。除了游戏的总时间之外还有每组游戏的时间,组与组之间间隔的时间,这些都应该算在游戏时间之内。在总时间一定的情况下,通过合理的分组和安排组内人数，可以有效地控制游戏的量和强度。

五、游戏规则

俗话说"没有规矩不成方圆"，足球运动的发展和足球竞赛规则是密不可分的，因此，在设计游戏时要充分考虑游戏规则。只有在完善的规则下才能更好地体现游戏的公平性。所以在设计游戏规则时要经过反复的推敲和实践，从简到繁，尽量做到完善。而在讲解游戏规则时要做到从繁到简，在最短的时间内用最简练的语言进行讲述。

第三节　足球游戏的设计方法

一、收集素材

足球游戏的创编如同创作一件作品，需要广泛积累素材。教师要通过各种渠道大量收集积累各种类型的体育游戏资料，从中发现与借鉴适合足球游戏的方式方法，为创编足球游戏奠定基础。

创编游戏时要题材广泛，内容丰富。可以多挖掘一些生活素材、喜剧素材、文化素材、地方特色素材，使创编的足球游戏具有新颖性、趣味性，让学生有新鲜感。

二、明确练习目标

游戏也是很好的训练，所以进行游戏之前要明确练习目标，让学生带着目的进行训练。通过足球游戏可以培养学生对足球运动产生稳定良好的兴趣，形成遵守纪律的好习惯，可以引导教育学生初步学会以积极乐观的态度对待学习与游戏中的困难与挑战。足球游戏的练习要多与球结合，提高以身体多部位完成颠控球为主的"熟悉球性"基本技术能力。这些练习可以提高学生身体的灵活性、协调性、平衡性和柔韧性。

三、构思游戏形式

根据足球教学的目的和任务,有针对性地去考虑和构思与教学任务相适应的游戏形式。

游戏的属性可分为目的性、针对性、趣味性、教育性四种。

1. 目的性

在构思游戏形式时要清楚游戏的目的性,如是为了练习运球、射门、头球,还是为了提高学生的足球意识及球性等。

2. 针对性

在构思游戏时要考虑到游戏的对象选择,如年龄、学生足球水平、场地条件和上课的人数等。

3. 趣味性

游戏应具有趣味性,让学生充分地享受其中的乐趣。

4. 教育性

通过游戏,培养学生的合作团结意识和集体主义精神。

四、设计游戏方法

足球游戏教学有利于培养学生形成良好的道德品质,有利于足球教师提高课堂教学效果,有利于教学环境的改善。游戏方法是整个游戏的具体实施的方案,方法设计得好与坏直接决定了游戏效果的好坏。

设计游戏方法要考虑的因素有以下几点:

1. 游戏人数

参与游戏人数不同,游戏设计方法也不同。人数是游戏设计需要考虑的第一要素。人数不多,在设计游戏方法时就可以使用全班整体同时参与类的游戏,也可以使用分组类游戏。但是如果总人数较多,设计全班同时参与类游戏就要考虑每个学生是否都能很好地参与到游戏中,从而体验游戏带来的快乐。例如:游戏"松鼠搬家",如果一个班是30人,另一个班是60人,在时间一样、方法一致的前提下,人数少的班级学生参与的次数明显要比人数多的班级多。这时,我们就要考虑将学生进行分组或者改变条件,使学生参与的次数尽可能地增加,这样才能达到较好的游戏效果。

2. 游戏场地

游戏场地的大小和形状是游戏方法设计的客观因素之一。场地较大,就可以安排更多的分组,从而达到游戏效果和增加学生的参与度。场地较小,就需要更加合理地利用每一寸场地,在充分分组的前提下,利用改变学生参与人数来提高游戏参与度。例如:游戏"独木桥",在场地受到限制的情况下,可以增加每一次运球学生的人数来增加学生的参与次数。可以将单人运球改为两人拉手运一球,或者三人拉手围圈运球接力,这样就可以增加每一次参与的学生人数,从而提高学生的参与度。根据场地形状不同,设计游戏方法也不同。例如,正方形场地可以安排圆队形的游戏,而长方形的场地则更适合安排接力类的游戏。

3. 游戏器材

利用体育器材进行教学是体育教师的基本能力。在有限的器材条件下,合理利用器材、充分利用器材是一名优秀体育教师应该具备的素质。游戏方法设计中,改变器材条件可改变游戏的难易程度,也可以提高学生参与游戏的兴趣。例如:游戏"超级引导员",在这一游戏中,由于闭眼运球,学生会悄悄地睁眼偷看。如果条件允许,可以使用眼罩或面具遮挡住眼睛,避免学生睁眼的情况发生。如果器材充足,还可以在地面增加小跨栏、小球门、标志杆等,除了运动跑,又增加了跳跃、下蹲、躲避等运动方式,运动轨迹由简单变复杂,既增加了难度,也增强了趣味性。

4. 游戏规则

在游戏规则的设计中一定要严谨,要更多地考虑细节,不要让学生钻空子。规则的设计既要保证学生顺利地完成游戏,又要通过条件的设计增加游戏的趣味性。

5. 游戏奖惩措施

竞争性游戏最需要有一定的奖惩措施,这些措施的设计要"重奖励、轻惩罚","重过程、轻结果"。作为教师要更多地进行过程性评价,而不要过于注重结果的评定。

6. 游戏的对抗性

对抗性也是足球游戏的一个显著的特点,在足球游戏的对抗中,可以充分地表现出学生的体力、耐力以及一些足球技巧的应用,还包含着小学生的一些智慧化的进攻方式。因此在小学生足球游戏教学中,教师应该要求每个学生都要接受对抗性训练,并对学生进行一些引导,有意识地培养小学生的竞争能力,为以后的学习和生活打好基础。

五、实践检验并加以完善

足球游戏是足球教学中的一个不可或缺的重要组成部分,它是从学生的兴趣爱好出发,通过合理的设计、编排,引导学生与同伴之间相互竞争、相互合作,进行主动性学习,以达到共同提高、共同进步的目的。合理设计体育游戏,不但能活跃课堂气氛,而且能让学生有自由、竞争、成功的体验,对于发展学生身体素质和培养学生良好的意志有着重要作用。

要对新设计的足球游戏的合理性进行实践检验并完善,需从以下九个方面验证:

(1) 游戏设计是否符合教材及学情。

(2) 游戏设计是否有明确目的及实施时间。

(3) 游戏设计开展如何运用场地、器材。

(4) 游戏设计开展过程中如何减少静止时间。

(5) 游戏设计开展过程中如何循环。

(6) 如何引导与激励学生的兴趣。

(7) 需要注意的安全防范。

(8) 会出现什么不可控的因素及对策。

(9) 如何改变。

第四节 足球游戏设计的注意事项

一、安全第一

1. 保证器材使用的安全性，合理地利用场地器材

在进行足球运动前，要先检查器材是否安全，是否存在损坏、老化等安全隐患，保证学生运动过程中的安全，不因器材问题受到不必要的伤害。另外，场地器材要充分合理地利用，最大限度地吸引学生的注意力，提高学生的兴趣。可利用场地器材变化训练的形式，增强学生训练的积极性，提高课堂效果。

2. 注意游戏内容的安全性，科学安排游戏内容

游戏内容的安排要符合学生的年龄段，根据各个年龄段不同的特点合理安排游戏的强度。游戏要尽可能地多趣味，不能有激烈的身体对抗，以免学生在游戏过程中受伤。强度安排要张弛有度，不能一味地要求强度，忽略学生的身体承受能力。以游戏为主，促进学生身心健康，提高学生对足球的学习热情，锻炼学生在运动方面的能力。

3. 确保参与者身心的安全性，合理安排游戏时间和强度

了解学生的基本情况，确保参与锻炼的学生身心健康，及时发现学生在课堂过程中发生的问题，并快速处理。根据各个年龄段学生接受能力和体能的差异，安排合理的强度练习。游戏时间不能过长，以免学生产生消极的心理。游戏时间和强度要掌握好，游戏内容要符合学生的年龄段，提高学生的积极性，以达到锻炼的目的和效果。

二、遵循学生特点

1. 遵循学生年龄特点

每个学生都要经历小学、初中、高中和大学等不同的阶段，每个不同的阶段其学习技能、接受技能的能力都有所不同。所以我们设计游戏时要根据学生的年龄设计不同的规则与要求,适合其融入游戏过程中。

2. 遵循学生身心发展特点

学生在成长的过程中身体和心理会逐步得到改善,身体素质逐步提高,心理慢慢成熟。我们在设计游戏时要遵循学生身心发展,游戏的难易程度也应跟随学生身心的发展而逐步提高。

3. 遵循学生性别差异特点

因为性别差异,男女生表现出来的特点不一样。男生多在速度、灵敏、力量上占优势,而女生在柔韧平衡方面有优势。男生大多主动、大胆、反应快,但自控能力较差;女生大多细致、娴熟、自控能力强,但胆小怕累等。所以设计游戏要综合男女双方的特点,使男女双方都可以融入游戏当中去。

4. 遵循学生身体素质差异特点

通常人们把人体肌肉活动中所表现出来的力量、速度、耐力、灵敏及柔韧等机能能力统称为身体素质。一个人身体素质的好坏与遗传有关,但与后天的营养和体育锻炼的关系更为密切。学生在各个阶段都存在身体素质差异,设计游戏要遵循学生身体素质的差异制定相应的规则和要求。

三、包容性强

1. 包容所有参与者,无论年龄与性别,都能参与其中

教育者不管是在设计游戏还是选择要进行的游戏,都要让它适应所要面对的人群,不能让足球游戏只能在少部分人中进行,要把它变成大众的游戏,无论性别和年龄。而要达到这种情况,游戏设计的趣味性还有娱乐性是必不可少的,当然游戏中的对抗性也是不可少的,但是对抗的强度也要视人群的情况而定,只有面面俱到才能让设计的游戏为众人所喜欢。

2. 包容所有练习内容,无论内容难与易,都能满足参与者需要

足球游戏可以是有球游戏也可以是无球游戏。游戏的重点还是要以足球为核心,在游戏设计中要充分添加一些趣味性的内容,以此来激发参与者的热情,提高

参与者的积极性。游戏有了趣味性,无论游戏难与易,都能调动参与者的积极性去主动接受它,而不是被动消极地去参与游戏。当然游戏设计中可将足球运动中的体育精神、思想作风、团队精神等添加进去,从而培养参与者对足球的热情,拥有坚忍不拔、团结合作的道德品质。

3. 包容所有游戏组织者,都能合理安排和组织游戏

游戏设计中要重视差异,要注重游戏设计的科学性,同时在设计游戏时要充分考虑到游戏组织的难易程度,要考虑到游戏参与者的年龄大小、参与者技术的好差,要让他们都能容易接受游戏、喜欢游戏。

四、少讲多练

1. 游戏形式简单,规则简练,便于操作

足球游戏的设施简单,制作容易,场地可大可小,简单易行,便于游戏的推广和普及。游戏规则烦琐,不利于学生明白游戏规则,使其丧失对游戏的兴趣;游戏规则简易,可以使参与的学生快速理解并融入游戏,提高其积极性。对于游戏设计一定要合理严谨,严格把握好操作环节和裁判标准,这样就易操作,比较好控制。

2. 游戏操作性强,练习密度合理,参与性强

所创编的足球游戏一定要设计合理,操作性强。游戏方法、规则要便于操作、控制和裁判,要进行必要的实践去考证。游戏中要安排合理的练习密度,练习密度过小,学生看的时间多,练的时间就少,不利于增强学生的体质和学习运动技能;练习密度过大,缺乏必要的休息和恢复,会造成学生身心过于紧张,对健康不利。设计游戏一定要考虑学生的个体差异,提高游戏趣味性,调动学生的积极性,使学生参与其中。

3. 全员参与,避免过多等待

游戏设计一定要考虑参与人数、难易性和性别差异。如果游戏参与人数过少,参与者会得到更好的锻炼,而等待者却没有得到更好的锻炼,这样会造成练习效果不佳,导致没有参与练习的学生丧失耐心,不利于组织和管理。最大限度地调动全体学生,让所有的学生有练习可做,会提升游戏练习的效果,达到设计者想要的目的。

五、不重胜负排名

1. 胜不骄,败不馁

竞技比赛有输有赢,不论输还是赢,胜利了不能骄傲,失败了也不要灰心。当成功时,绝不可沾沾自喜、目中无人,应保持一颗从容淡定的心,总结成功的经验。失败后,也决不可灰心丧气、一蹶不振,应找出不成功的原因。失败乃成功之母,赛后努力练习提高技术,不断磨炼,迎接下一次挑战。

2. 注重过程,看轻结果

胜虽可喜,败亦无妨。赛场上敢抢敢拼,不管结果,过程中的拼搏才是最精彩的,比赛结果并不重要,重要的是通过足球比赛锻炼了体魄,培养了团队精神,收获了友情,增长了比赛经验。不要一味地重视输赢,享受足球比赛的过程才能真正地体会到足球的乐趣。

第三章　足球游戏的分类与实例

本章提要： 本章总结整理出九种类型足球游戏经典案例，概括了小学—初中—高中三个阶段游戏的基本规律：从小学到高中阶段，足球游戏的趣味性由高到低，参与人数由少到多，足球情景由简单到复杂，对于基本技术和团队意识的要求也逐渐增高。

第一节　球性球感类游戏

　　以练习球性球感为主题的游戏，多用于足球初学者，此类游戏应尽量让学生在练习时更多更快地接触足球，因此，准备更多的足球是必要的。另外，在练习球感的同时，应注意学生好习惯的养成，例如抬头观察、左右脚平衡、位置感、协调性等。在游戏的组织中，也要考虑到初学者对足球的认识和掌握，难度太大会打击学生的练习积极性，因此，游戏的易行性和趣味性也是很有必要的。

　　值得注意的是，在游戏的实际操作中，同样的游戏通过逐步改变场地大小、器材设置、规则要求、人员数量、时间长短等因素，使游戏得到进阶，可逐渐强化或改变练习目标，提高学生的反应和决策能力，激发学生兴趣，从而满足校园足球课程或训练的目的——充实上课内容，提高学生的足球技能。

一、托盘比赛

◇ **目标**：通过游戏熟悉球性
◇ **适用阶段**：小学阶段
◇ **人数**：10—20 人
◇ **时间**：2—3 分钟
◇ **场地器材**：场地根据人员多少而定，每人 1 球
◇ **游戏方法**：

1. 队员分为两组，每人 1 个球。
2. 两组各出 1 个队员，分别用前额、大腿正面、脚背正面三种不同方式将球托住，看谁托的时间长。
3. 先落地的一方为负者。
4. 两组队员全部比赛后，胜者多为胜队，负队每人喊一句不同的鼓励队友的口号（图 3-1-1）。

图 3-1-1　托盘比赛

◇ **游戏变化**：

1. 在规定时间内落地次数少者获胜。
2. 尝试能不能在托球的同时跳离地面。
3. ……

二、打一枪换一个地方

◇ 目标：提高颠控球能力

◇ 适用阶段：小学—初中

◇ 人数：12 人

◇ 时间：5—10 分钟

◇ 场地器材：15 米×15 米区域，场地四角分别标示出一个 5 米×5 米的练习区，在 4 个练习区域的中间区域的中心处放置 1 个呼啦圈，每组 1 个球

◇ 游戏方法：

1. 队员分为两组，每组有 2 个对角的活动区域，每个区域有 3 名队员，2 个队员相对站在对角线的练习区域内，第三个队员随意在一个练习区的上角处准备进行练习。

2. 听到老师开始口令，各组 1 名队员快速跑动，绕过中间的呼啦圈后到左手边的练习区内与该区域内的队员进行一次颠传球练习，然后再快速绕过呼啦圈进入下一个练习区域进行一次颠球练习，依次不断绕行与颠球，直至 12 个颠球部位都完成，然后交换队员练习。

3. 先完成者为胜者，最后以完成次数多的队为胜队，负队每人按时装模特行走一圈。

4. 颠球队员在每个练习区域内的颠球部位不能重复（图 3-1-2）。

图 3-1-2　打一枪换一个地方

◇ 游戏变化：

1. 在每个练习区域内完成 3 个部位或者更多部位颠球。

2. 快速跑改为颠球跑。

3. ……

三、手榴弹炸碉堡

◇ **目标**：提高颠控球的准确性

◇ **适用阶段**：初中

◇ **人数**：队员每组 4 人

◇ **时间**：5—10 分钟

◇ **场地器材**：15 米×40 米区域，场地两端设置隔离区为 15 米长 15 米宽；中间目标区域为 10 米长 15 米宽，每组 2 个球

◇ **游戏方法**：

1. 在场地的中央区域标志出 5 个不同形状的标志区域。

2. 教练发出指令后，每队各有一名队员向中间场区内的任意一个标志区域踢空中球，以第一落点落在目标区域内计算得分（图 3-1-3）。

3. 第一落点落在目标区域内得 1 分，否则不得分。

4. 每人踢 5 次后，计算全队得分多少，看哪一队的得分多，即为胜者。

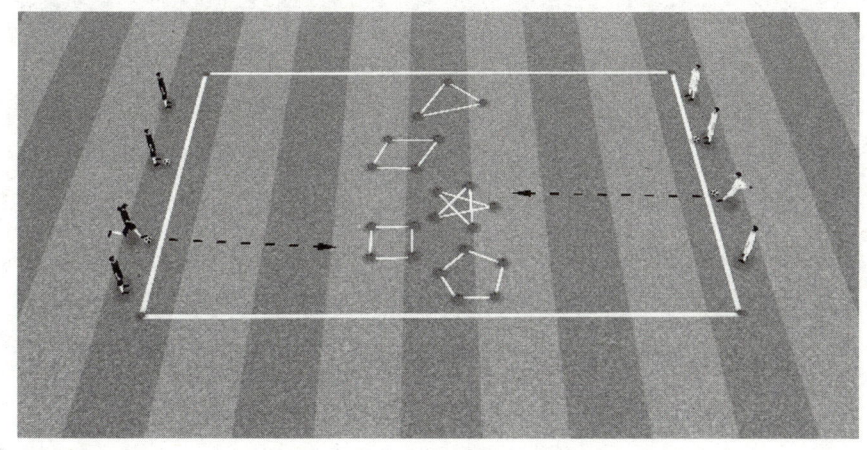

图 3-1-3　手榴弹炸碉堡

◇ **游戏变化**：

1. 每次应更换不同的目标区域进行踢球。

2. 可以让队员双手持球抛踢空中球、反弹球，也可以放在地面踢定位球。

3. ……

四、创意颠球

◇ **目标**：提高球感和反应能力
◇ **适用阶段**：初中—高中
◇ **人数**：20 人
◇ **时间**：10 分钟
◇ **场地器材**：30 米×30 米区域
◇ **游戏方法**：

1. 在指定区域内，2 名队员一组，互相颠球，球落地者丢 1 分。
2. 一名队员喊出 3 以内数字同时，例如"2"，对方必须两脚触球踢出并继续喊出数字。
3. 喊出数字与踢给对方球必须同时或者先喊出数字再踢出足球，不允许踢出球以后喊数字（图 3-1-4）。

图 3-1-4　创意颠球

◇ **游戏变化**：

1. 队员每次颠球必须运用不同部位。
2. 每次踢出球后喊出不同水果的名字，例如苹果、葡萄、西瓜等。
3. ……

五、螃蟹足球赛

◇ 目标：提高团队配合意识和足球规则的理解，提高力量耐力素质
◇ 适用阶段：初中
◇ 人数：8人
◇ 时间：5分钟
◇ 场地器材：10米×15米的小型足球场，1个足球，分队服8件（两色）
◇ 游戏方法：

1. 双手双脚着地（腹部向上），用脚控球进行4对4足球比赛。
2. 在规定时间内，进球多的一方获胜（图3-1-5）。

图3-1-5　螃蟹足球赛

◇ 游戏变化：

1. 增加比赛人数。
2. 扩大比赛场地。
3. 增加球门数量。
4. ……

第二节 运球类游戏

速度与方向的变化是运球的要素,因此,在以运控球为主题的游戏中应体现出来。在游戏中,运球的方向和观察能力也是要考虑的因素。

一、运球追击

◇ 目标:提高运控球技术能力

◇ 适用阶段:小学

◇ 人数:16 人

◇ 时间:不限制时间

◇ 场地器材:半径为 10 米的圆圈,足球 4 个

◇ 游戏方法:

1. 将队员分成 4 个队,每队 4 名队员,在半径为 10 米的场地上进行运球比赛。

2. 每队第一名队员迅速运球,绕一圈后将球传给下一名队员,依次进行,直至最后一名队员完成比赛(图 3-2-1)。

图 3-2-1 运球追击

◇ 游戏变化:

1. 运球的队员可为两名队员手拉手进行。

2. ……

二、小毛驴赛跑

◇ **目标**：提高快速运球能力

◇ **适用阶段**：小学

◇ **人数**：将队员平均分成两组

◇ **时间**：10 分钟

◇ **场地器材**：半径为 10 米的圆圈，足球 2 个

◇ **游戏方法**：

每组各选派一人参加游戏，各持一球，按顺时针方向同时开始运球，绕一周后交由下一名队员继续运球，直至一名队员追上另一名队员时，游戏结束，追击成功的一队获胜（图 3-2-2）。

图 3-2-2　小毛驴赛跑

◇ **游戏变化**：

1. 队员同时运控 2 球。

2. 队员运球时听到哨声转身反方向运球。

3. ……

三、帽子戏法

◇ **目标**：提高运控球能力

◇ **适用阶段**：小学－初中

◇ **人数**：2人一组，分若干组

◇ **时间**：5－10分钟

◇ **场地器材**：10米×10米区域，两人1球

◇ **游戏方法**：

1. 在规定区域内用标志桶任意摆放3个球门，球门宽1米。

2. 两人一球，一人进攻一人防守。进攻者利用转身、假动作等摆脱防守，将球运过球门，通过所有球门后攻守角色交换。

3. 比较通过3个球门所用时间，判定胜负，即用时较少的人为胜方（图3-2-3）。

图3-2-3　帽子戏法

◇ **游戏变化**：

1. 可多摆设一些球门，让队员主动选择。

2. 扩大游戏场地，可提高队员运球速度。

3. ……

四、大冒险

◇ **目标**：提高观察能力和运控球能力

◇ **适用阶段**：小学－初中

◇ **人数**：12人1组，分成2组

◇ **时间**：3－5分钟1节，进行4节

◇ **场地器材**：长25米×15米区域，分为3个区，1区为冒险区，2区为安全区，3区为冒险区

◇ **游戏方法**：

1. 将队员分为甲乙两组，甲组运球队员每4人一组，分成3组，均匀地站在场地一侧开始线后；乙组踢球队员每3人一组，分成4组，每组3个球，分别相对站在1区和3区的两个边线后。

2. 听教师鸣哨后，运球组队员快速运球通过1区（冒险区），可以在2区休息，之后再运球通过3区；每组一去一回后，互换角色（图3-2-4）。

3. 运球通过场地端线得1分，被击中队员被罚下并不得分，得分多的队为胜方。

4. 踢球队员不得踩线和进入场地内踢球。

5. 踢球组只能用球击队员小腿或球。

6. 运球队员不能直接将球踢入安全区或场地另一端，必须是运球进入。

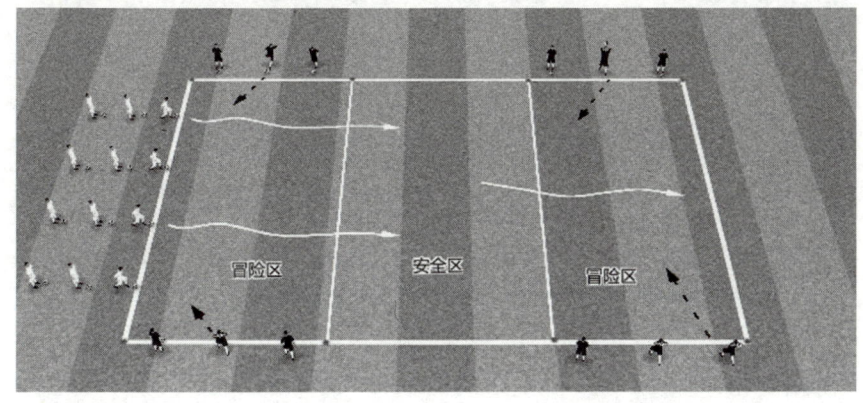

图3-2-4 大冒险

◇ **游戏变化**：

1. 把场地的2区（安全区）去掉，队员必须连续运球到场地另一端。

2. ……

五、独木桥

◇ 目标：提高速度素质和运控球能力

◇ 适用阶段：小学

◇ 人数：7人1组，分成3组

◇ 时间：3分钟1节，进行3节

◇ 场地器材：15米×15米区域，每组1球

◇ 游戏方法：

1. 每组队员穿不同颜色的号码衣，同组队员人与人间隔1米，分别成3路纵队站在场地内。

2. 教师鸣哨后，第一名队员运球绕过前面的队员，到达排头后将球传回给队尾另一名同伴，其他队员按同样的方法依次进行传控球接力跑，当第一名队员重新得到球为一次游戏结束（图3-2-5）。

3. 运球队员必须绕过每一名同伴后才能往回传球。

4. 第2名队员只能在队尾接球，如果违例，则回到队尾重新开始运球。

5. 如果出现漏人时，队员必须回到失误地点重新开始运球。

6. 最快完成运球的一组，为胜利组。

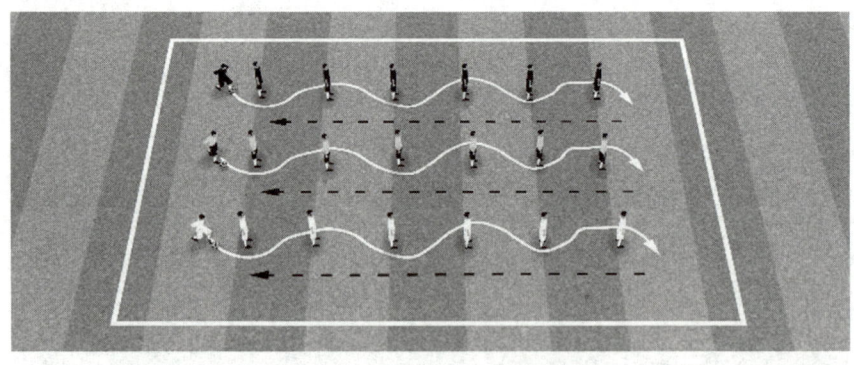

图3-2-5 独木桥

◇ 游戏变化：

1. 队员按教师要求完成运控球，例如队员抱两个球、运一个球。

2. 只能用一只脚运控球。

3. 必须绕人一周才能向前运球；必须用规定的技术完成运控球等。

4. ……

六、大搬家

◇ 目标：提高观察、应变和运控球能力

◇ 适用阶段：小学－初中

◇ 人数：5人1组，分成4组

◇ 时间：3－5分钟1节，进行4节

◇ 场地器材：20米×20米区域，标志盘9个，足球20个

◇ 游戏方法：

1. 队员每人1球，在规定的场地内按要求做运控球练习。

2. 听教师的口令后，队员以小组为单位，在规定的时间内完成运球换区。例如：左右换区，上下换区，顺时针换区，逆时针换区，同队换区等。

3. 队员必须依据教师口令进行换区。

4. 队员必须在5秒（或3秒）规定的时间进入另一区。

5. 如果换错区、超时、球撞到了同伴、被另一组队员捉到，都被罚出场15秒，最终无失误一组为胜方（图3-2-6）。

图3-2-6 大搬家

◇ 游戏变化：

1. 队员按教师要求完成运控球，例如队员抱两个球、运一个球。

2. 只能用一只脚运控球。

3. 必须人绕球一周才能向前运球。

4. 必须用规定的技术完成运控球。

5. ……

七、冒险岛

◇ **目标**：提高运球能力及合作精神
◇ **适用阶段**：小学—初中
◇ **人数**：8人，2人1组，分为4组
◇ **时间**：3—5分钟1节，进行3节
◇ **场地器材**：25米×25米区域，标志盘20个，标志服8件（4色），足球8个
◇ **游戏方法**：

1. 每组队员2人一对，穿不同颜色的号码衣，分别站在场地4个顶角的"安全岛"内。

2. 教师鸣哨后，第1名队员用脚运球跑或手抱球加脚运球进入场地中央的"冒险岛"后，沿顺时针方向跑向另一个"安全岛"，之后第2名队员按同样的方法完成游戏，当2名队员都回到出发点时，游戏结束（图3-2-7）。

3. 当前一名队员进入安全岛后，另一名队员才能开始练习，否则在违例地点重新开始。

4. 如果被另一对队员追上，则该队员回到最近的安全岛重新开始。

5. 最先回到出发起点的一对队员为胜利方。

6. 球没有通过小门，即失败，同队2名队员互换位置，继续完成游戏。

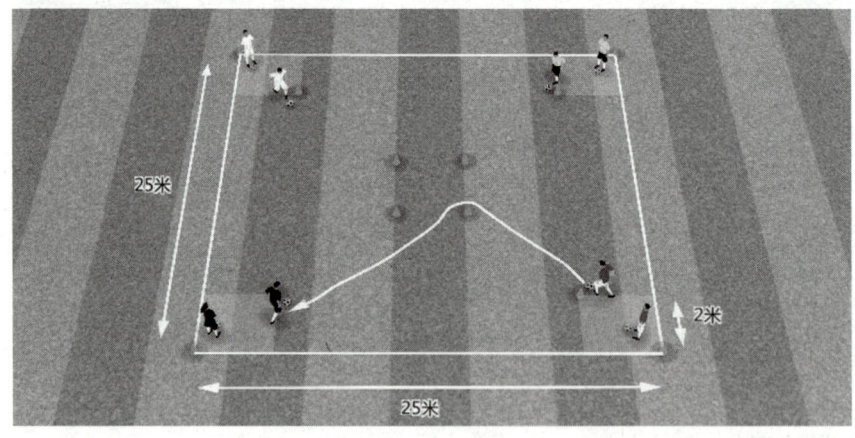

图3-2-7　冒险岛

◇ **游戏变化**：

1. 在场地中央的"冒险岛"里放16个球，最先把4个球通过小门踢回各自"安全岛"的为胜利组方。

2. 用弱势脚运球。

3. ……

八、小仓鼠抢大米

◇ 目标：提高运球能力及灵敏素质

◇ 适用阶段：小学

◇ 人数：5人1组，分4组

◇ 时间：5分钟

◇ 场地器材：5米×5米的4个正方形，标志盘20个，标志服20件（4色），足球若干

◇ 游戏方法：

1. 小仓鼠最爱吃大米了。可是粮仓里的大米（球）已经不多了，另外还有很多家仓鼠也在抢大米。它们必须尽快一个一个地出洞迅速地将大米一个一个地搬回家（运球），它们必须顺着绳梯才能爬到（各种脚步）粮仓里。最后看看谁家的大米多（图3-2-8）。

2. 当前一名队员拿到球后，另一名队员才能开始，否则在违例地点重新开始。

3. 1个球得1分，计算总分，多者为胜方。

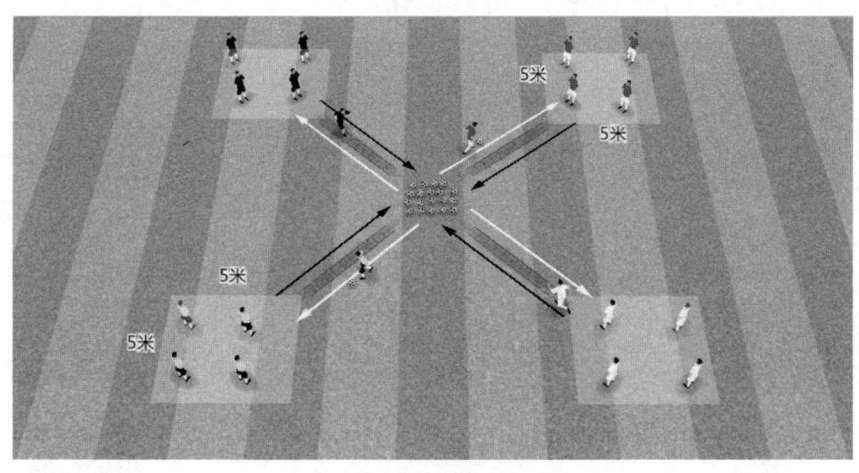

图3-2-8　小仓鼠抢大米

◇ 游戏变化：

1. 根据班级人数分组。变化运球方式，只允许右脚或左脚运球。

2. 变化爬绳梯的方式。

3. 可以偷别的仓鼠家的大米。

4. ……

九、医生！医生！

◇ **目标**：提高运球跑的能力，并且提高踢球的准确性

◇ **适用阶段**：初中—高中

◇ **人数**：12人，分2队进行练习

◇ **时间**：5分钟

◇ **场地器材**：20米×20米区域，标志盘12个，标志服12件（2色），每人1球

◇ **游戏方法**：

1. 持球队员在区域内自由运球，择机踢球击打对手膝盖以下部位，让对手出局，先击中对手所有队员的队伍获胜。

2. 一旦队员被击中，就必须坐在地上，将球放在头顶，大喊"医生！医生！"。

3. 每队各有一名医生，医生可以解救被击中的队员，以任何方式触碰他们即可，如果医生被击中，则全队失败。

4. 医生拥有自己的"医院"，在"医院"内是安全的，对方不能击打。

5. 除了医生，每个队员各有一个足球（图3-2-9）。

图3-2-9 医生！医生！

◇ **游戏变化**：

1. 队员用弱势脚运球。

2. 扩大游戏场地或者缩小医院的区域。

3. ……

十、松鼠搬家

◇ **目标**：提高运球能力

◇ **适用阶段**：小学

◇ **人数**：20人

◇ **时间**：10分钟

◇ **场地器材**：20米×20米区域，内置1个圆形区域和4个2米×2米正方形区域，标志服20件（4色），足球4个，灵敏环、标志桶、标志盘若干

◇ **游戏方法**：

1. 教师发出口令后，4组松鼠去森林（圆圈）收集过冬食物，其中有榛果（灵敏环5分）、松子（标志桶2分）、瓜子（标志盘1分）。

2. 每组松鼠只能带着袋子出去（运球），取1个食物，放回窝里（正方形区域），下一只松鼠接过袋子才能再次出发。

3. 松鼠不但可以取森林里的食物，还可以去取其他松鼠窝里的食物，其他松鼠不得干扰。

4. 教师给出指令，例如"30"，每组松鼠取回累加等于30的食物，按完成的先后决定名次（图3-2-10）。

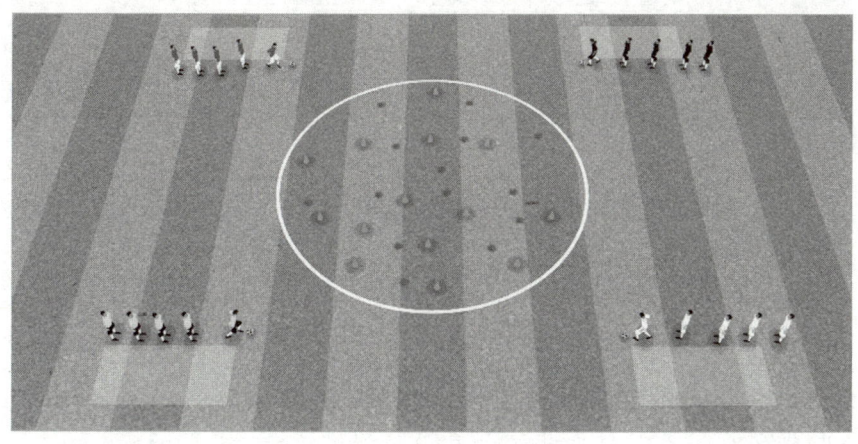

图 3-2-10 松鼠搬家

◇ **游戏变化**：

1. 要求只能用弱势脚来运球。
2. 所有队员同时运球出发，可以相互干扰，破坏对方脚下的足球。
3. ……

十一、城市穿越

◇ **目标**：提高运球能力

◇ **适用阶段**：小学

◇ **人数**：20 人

◇ **时间**：10 分钟

◇ **场地器材**：30 米×40 米区域，内置 4 个不同颜色的方形区域代表 4 个不同的城市，足球 20 个，标志盘若干

◇ **游戏方法**：

1. 队员在指定区域内自由运球，当教师给出口令后，例如"北京"，队员们运球快速进入代表北京的区域。

2. 队员不得互相干扰其他人，必须运球到指定的"城市"内，最后进入的两名被淘汰出局。

3. 教师可以举起代表城市颜色的标志盘，队员按照指示进入"城市"，当口令和指示标志盘不统一时，以指示标志盘颜色为准（图 3-2-11）。

图 3-2-11　城市穿越

◇ **游戏变化**：

1. 场地内摆设障碍物，作为山川、河流，让队员运球"绕开山川，跨过河流"。

2. 要求队员用弱势脚运球。

3. ……

十二、追捕游戏

◇ **目标**:提高快速运球跑的能力

◇ **适用阶段**:初中

◇ **人数**:20 人

◇ **时间**:10 分钟

◇ **场地器材**:20 米×30 米区域,内置 4 个 4 米×4 米的正方形区域,标志盘 16 个,标志服 20 件(4 色),足球 20 个

◇ **游戏方法**:

1. 4 组队员分别在指定区域内自由运球,当听到教师口令后,例如:"顺一"即顺时针下一个区域,"逆二"即逆时针第二个区域,在到指定区域中途快速追赶邻近一组队员,并且躲避后面队员的追赶。

2. 被追赶者任何部位被触到即被淘汰出局,在规定时间内,剩余最多队员的一组获胜。

3. 在追赶过程中,必须用脚运球,无球队员也被淘汰出局(图 3-2-12)。

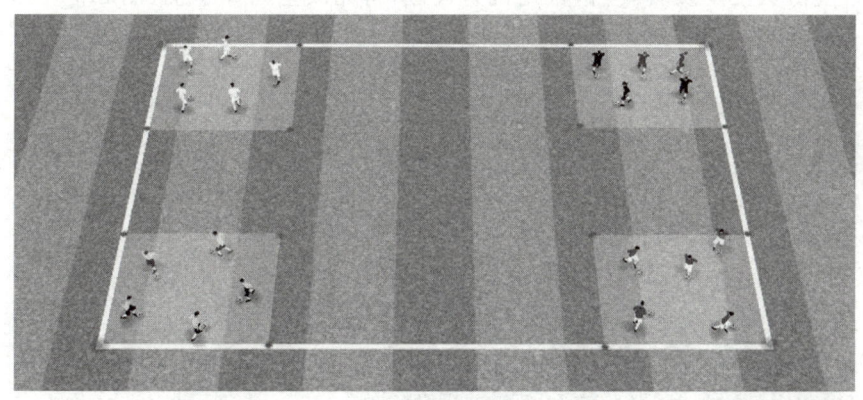

图 3-2-12　追捕游戏

◇ **游戏变化**:

1. 要求队员用弱势脚运球。

2. 要求队员在区域内完成一系列指定动作后再跑,例如:左右脚交替踩球 6 次+1 次单车。

3. ……

十三、如影随形

◇ 目标:提高控球的观察能力

◇ 适用阶段:初中

◇ 人数:20人

◇ 时间:10分钟

◇ 场地器材:20米×30米区域外平均放置10个标志桶,标志服20件(2色),足球20个

◇ 游戏方法:

1. 两队队员一对一搭配,每小组队员一人在前自由运球做各种动作,另一队员进行模仿。

2. 教师给出信号后,快速去抢夺场外的标志桶,没有抢到的队员将得到小惩罚。

3. 模仿队员要认真模仿,否则视为失败,将无权抢夺标志桶(图3-2-13)。

图3-2-13　如影随形

◇ 游戏变化:

1. 游戏过程中,教练员可以给出信号,让两人角色不停互换。

2. 场外摆放不同颜色标志桶,教练员制定标志桶颜色让队员来争夺。

3. ……

十四、偷天换日

◇ **目标**：提高运球能力、无球跑动能力、选择判断能力
◇ **适用阶段**：小学－初中
◇ **人数**：24 人
◇ **时间**：5 分钟
◇ **场地器材**：10 米×10 米区域，内置 20 个足球，10 米外放置 12 个灵敏环
◇ **游戏方法**：

1. 一队指派一名队员作为警察，在博物馆（区域）内看守宝物（足球），特工们（对方队员）将从自己的总部（灵敏环）出发，设法将宝物带回（运球）总部。

2. 警察只能在博物馆内活动，如有特工侵入，设法抓住特工（摘掉披在特工身后的标志服），被抓住的特工则被淘汰。

3. 在规定时间内，偷回宝物多的球队获胜。

4. 每名特工每次只能偷 1 件宝物。

5. 特工的目标是球，警察的目标是分队服而不是球（图 3-2-14）。

图 3-2-14　偷天换日

◇ **游戏变化**：

1. 可以增加一名警察。
2. 要求特工用弱势脚去偷球。
3. ……

十五、原物奉还

◇ 目标:提高运球能力、无球跑动能力、选择判断能力
◇ 适用阶段:初中
◇ 人数:24 人
◇ 时间:5 分钟
◇ 场地器材:10 米×10 米区域,内置 20 个标志盘,10 米外放置 12 个灵敏环,环内共有 20 个足球
◇ 游戏方法:

1. 一队指派一名队员作为警察,在博物馆(区域)内执勤,特工们(对方队员)将设法将宝物(足球)还回博物馆。

2. 警察只能在博物馆内活动,如有特工侵入,设法抓住特工(摘掉披在特工身后的标志服),被抓住的特工则被淘汰。

3. 在规定时间内,还回宝物多的球队获胜。

4. 每名特工每次只能还 1 件宝物,警察不能将球踢走。

5. 特工的目标是还球,警察的目标是分队服而不是球(图 3-2-15)。

图 3-2-15 原物奉还

◇ 游戏变化:

1. 在博物馆内放置与球等同的展台(标志盘),要求球必须用脚放置在标志盘上。

2. 增加一名警察。

3. ……

十六、海底探险

- ◇ 目标:提高运控能力
- ◇ 适用阶段:初中
- ◇ 人数:20 人
- ◇ 时间:10 分钟
- ◇ 场地器材:20 米×40 米区域,标志服 20 件(2 色),足球 10 个
- ◇ 游戏方法:

1. 分两队,一队开潜水艇(运球)从海底(指定区域)一端避开大螃蟹(对方队员)到另一端。

2. 对方队员后仰四肢着地爬行进行破坏,球被踢出边线,潜水艇被损毁,被损毁的潜艇将不能继续行驶。

3. 每支探险队反复两个轮回,剩下的潜艇(足球)做多的一队获胜(图 3-2-16)。

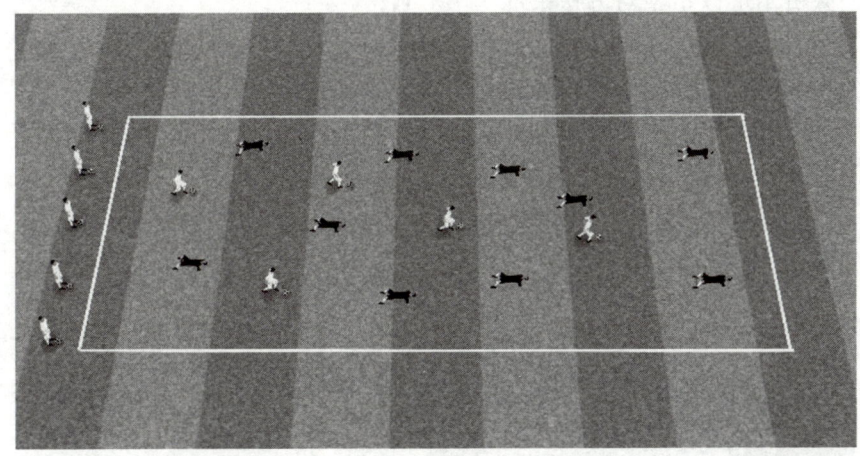

图 3-2-16 海底探险

- ◇ 游戏变化:

1. 要求运球队员用弱势脚运球。
2. 运球队员两人手拉手运球,手不得分开。
3. 运球队员两人三足。
4. ……

十七、礼尚往来

◇ 目标:提高运控球能力

◇ 适用阶段:小学—初中

◇ 人数:12人

◇ 时间:3分钟

◇ 场地器材:20米×20米区域,4角各有1个2米×2米的小正方形区域

◇ 游戏方法:

1. 队员分为两组,每组有对角2个区域,每个区域3名队员,每名队员1个足球,在3分钟内尽可能多地将礼物(足球)送到对方"家里","家里"礼物多的一方失败。

2. 每名队员只能运一个足球。

3. 送到"家里"的"礼物"还可以送还给对方。

4. 队员不可以拒绝对方送来的"礼物"(图3-2-17)。

图3-2-17 礼尚往来

◇ 游戏变化:

1. 在区域内增加障碍物,让队员在游戏过程中运球绕过。

2. 每次从家里取球,必须完成指定动作才能"送礼",例如:两个俯卧撑、左右脚交替触球10次等。

3. ……

十八、老鼠偷粮

◇ **目标**：提高队员反应能力、运球跑能力以及躲闪能力

◇ **适用阶段**：小学

◇ **人数**：10人

◇ **时间**：10分钟

◇ **场地器材**：半径3米的圆形区域（粮仓），距圆形30米外设置1个边长5米的方形区域（老鼠窝），足球若干

◇ **游戏方法**：

1. 粮仓（圆形区域）内放有20袋粮食（足球），一只看粮食的懒猫（教师）在睡觉。

2. 小老鼠们（队员）从老鼠窝（方形区域）偷偷跑向粮仓去偷粮食。在这个过程中，猫可能会被老鼠的声响给吵醒，站起观察，此时，老鼠们将趴下隐蔽，并唱歌（小星星）催眠懒猫，当猫被催眠后小老鼠就可以起身继续跑向粮仓。

3. 小老鼠跑进粮仓后，可以搬动粮食（运球）跑回自己的老鼠窝，此时猫被吵醒，会去捉老鼠的尾巴（掖在背后的分队服），被抓到尾巴的老鼠将被淘汰。

4. 老鼠搬粮全部返回以后，将集体进行下一次行动。

5. 每只老鼠每次只能搬动一袋粮食，猫的目标是老鼠的尾巴，不需要抢回粮食。

6. 教师将根据队员情况给予适当的压力，不要全力去追逐（图3-2-18）。

图 3-2-18　老鼠偷粮

◇ **游戏变化**：

1. 要求老鼠每次必须搬运2袋粮食。

2. 增加一只猫。

3. ……

十九、抓尾巴

◇ **目标**：提高运球能力

◇ **适用阶段**：小学—初中

◇ **人数**：20 人

◇ **时间**：5 分钟

◇ **场地器材**：20 米×30 米区域，标志服 20 件（2 色），足球 20 个

◇ **游戏方法**：

1. 当教师发出信号后，所有队员运球去抢夺其他人塞在身后的分队服。
2. 被抢走分队服的队员可以通过使用自己之前所抢到的分队背心继续游戏。
3. 当该队员身后及手中都没有分队服时，即被淘汰出局。
4. 不得破坏其他人脚下的球，必须脚下控球时才能抢夺分队服。
5. 规定时间内，手中分队服数量最多的人获胜（图 3-2-19）。

图 3-2-19　抓尾巴

◇ **游戏变化**：

1. 可以破坏对方的球，球被破坏或者尾巴被抢走，淘汰下场。
2. 分为两队进行比赛。
3. ……

二十、地雷战

◇ 目标：提高运球能力

◇ 适用阶段：小学

◇ 人数：20 人

◇ 时间：3 分钟

◇ 场地器材：20 米×30 米区域内平均分布两种颜色标志盘各 15 个，标志服 20 件（2 色），足球 20 个

◇ 游戏方法：

1. 两队队员每人一球，带好安全头盔（标志盘），脚运球在规定时间内全力扫掉对方的地雷（将标志盘翻过来），布好本方的地雷（扣好标志盘）。

2. 控好自己的球，不要干扰其他队员。

3. 规定时间内扫雷最多的一队获胜（图 3-2-20）。

图 3-2-20　地雷战

◇ 游戏变化：

1. 运用弱势脚运球。

2. 可以破坏对方脚下的球，如球被踢出游戏场地，则被淘汰出局。

3. ……

二十一、超级盘带王

◇ 目标：提高运球过人能力以及抢断能力

◇ 适用阶段：初中—高中

◇ 人数：10 人

◇ 时间：10 分钟

◇ 场地器材：20 米×40 米区域，平均分成 5 个区域，标志服 10 件（2 色），足球 5 个

◇ 游戏方法：

1. 一方队员分别在 5 个区域防守，另一方队员逐个运球设法通过区域。
2. 防守一方全力将球抢断或踢出界外，丢球队员被淘汰出局。
3. 一轮游戏过后，互换角色，最终通过区域队员多的一方获胜（图 3-2-21）。

图 3-2-21　超级盘带王

◇ 游戏变化：

1. 运球一方可以同时出发。
2. 缩小游戏场地宽度。
3. 防守队员两人手拉手进行抢截。
4. ……

二十二、逃出生天

◇ 目标：提高运球能力和观察能力

◇ 适用阶段：初中

◇ 人数：14 人

◇ 时间：10 分钟

◇ 场地器材：20 米×20 米区域外设置 8 个 2 米宽的小球门，标志服 14 件（2 色），足球 10 个

◇ 游戏方法：

1. 4 名防守队员只能在虚线上侧滑步移动守卫边线上的球门，其他队员在指定区域内自由运动，设法穿过球门并从另一个球门返回场地即获得 1 分。

2. 当防守队员触到跑动队员时，两人交换角色。

3. 规定时间内得分最多者获胜（图 3-2-22）。

图 3-2-22　逃出生天

◇ 游戏变化：

1. 增加 2 名防守队员。

2. 运球队员在区域内不能超过 6 秒。

3. 运用弱势脚运球。

4. ……

二十三、安全岛

◇ **目标**：提高快速运球能力和观察能力

◇ **适用阶段**：初中

◇ **人数**：20 人

◇ **时间**：10 分钟

◇ **场地器材**：30 米×40 米区域内有 4 个 2 米×2 米的安全区域，标志盘 20 个，标志服 20 件（2 红，18 蓝），足球 18 个

◇ **游戏方法**：

1. 有球队员在区域内自由运球，无球队员全力抢劫，如果无球队员用任何方式触到足球，则与有球队员互换角色。
2. 当有球队员将球运到安全岛（安全区域），不能抢截。
3. 每个安全岛容纳人数不能超过 4 个。
4. 游戏结束后，无球队员视为失败者（图 3-2-23）。

图 3-2-23　安全岛

◇ **游戏变化**：

1. 安全岛只能待一个人。
2. 有球队员在岛上不能超过 3 秒钟。
3. 平均分两组队员互抢。
4. ……

二十四、老狼和小羊

◇ **目标**：提高队员快速运球能力

◇ **适用阶段**：小学

◇ **人数**：11 人

◇ **时间**：5 分钟

◇ **场地器材**：30 米×40 米区域，足球 10 个

◇ **游戏方法**：

1. 老狼（教师）在区域一端背对小羊（队员），小羊控球先喊出："老狼老狼几点了？"老狼说出具体时间，例如：10 点，则小羊运球往前跑 10 步，原地站立，继续提问。

2. 当老狼说出："开饭了"，则转身追逐小羊，小羊则转身运球往回跑，老狼触摸到小羊任何部位，小羊被淘汰，小羊跑出区域则安全，如小羊运球从对面跑出区域，则获胜（图 3-2-24）。

图 3-2-24　老狼和小羊

◇ **游戏变化**：

1. 小羊用弱势脚运球。

2. 当老狼转身时，小羊们必须趴在地上。

3. ……

二十五、寻宝游戏

◇ 目标：提高快速运球观察能力

◇ 适用阶段：小学

◇ 人数：20 人

◇ 时间：10 分钟

◇ 场地器材：足球场内随机放置若干标志桶,足球 20 个

◇ 游戏方法：

1．分两队,一队颠球,另一队每一名队员将手中的硬币藏到标志桶下,每标志桶下只能放一个硬币。

2．颠球队员颠够 200 个球就可以运球寻找硬币。

3．3 分钟后互换角色,两轮后,找到硬币多的一方获胜(图 3-2-25)。

图 3-2-25 寻宝游戏

◇ 游戏变化：

1．队员需头带标志盘进行运球。

2．一队队员寻找硬币,另一队队员颠球,每增加一名颠够 200 个球的人就减少一名寻宝队员,直到最后一名队员。

3．……

二十六、抱团大战

◇ **目标**：提高运球时的观察能力和反应能力

◇ **适用阶段**：小学—初中

◇ **人数**：20人

◇ **时间**：5分钟

◇ **场地器材**：20米×30米区域内放置6个灵敏环（2色），足球20个

◇ **游戏方法**：

1. 队员在区域内自由运球，其中队员代表数字"1"，足球代表数字"0.5"，当教师随机喊出指令后，队员们按数字抱在一起，例如"黄4.5"，队员们在听到口令后要尽快在黄色灵敏环里完成3人3球组合或者4人1球组合等。

2. 没有完成组合或未进入指定灵敏环的同学均视为失败。

3. 队员自己运球，不允许相互干扰（图3-2-26）。

图3-2-26　抱团大战

◇ **游戏变化**：

1. 增加队员的脚数，例如"黄5.5＋6"，则需要4名队员3个球6只脚在黄圈里。

2. 用弱势脚运球。

3. ……

二十七、冲出包围圈

◇ **目标**：提高运球突破和拦截能力

◇ **适用阶段**：小学－初中

◇ **人数**：20 人

◇ **时间**：5 分钟

◇ **场地器材**：25 米×25 米的抢截区域内设置一个 15 米×15 米的安全区域，标志服 20 件（2 色），足球 14 个

◇ **游戏方法**：

1. 有球队员在安全区域内自由运球，防守队员在抢劫区域内做好准备，当教师发出口令后，运球队员设法运球跑出抢截区域。

2. 防守队员不得进入安全区域，控球队员只能运球跑，不能踢球跑。

3. 球被防守队员踢出练习区域，控球队员被淘汰（图 3-2-27）。

图 3-2-27　冲出包围圈

◇ **游戏变化**：

1. 运球队员在安全区域不得超过 6 秒钟。

2. 增加防守队员。

3. 运球队员冲出外圈后再运球回到安全区，则可以让被淘汰一名队员"复活"。

4. ……

二十八、超级引导员

◇ **目标**:提高球感,提高队员之间的交流能力

◇ **适用阶段**:小学—初中

◇ **人数**:12 人

◇ **时间**:10 分钟

◇ **场地器材**:30 米×40 米区域,内置 10 个不同方向的小球门,标志桶 20 个,分队服 12 件(2 色),足球 6 个

◇ **游戏方法**:

1. 两人一组一球,一人蒙眼运球,一人作为引导员利用语言提示。

2. 发出口令后,引导员提示运球队员通过所有球门。

3. 每个球门最少经过一次,最先通过所有球门的一组获胜(图 3-2-28)。

图 3-2-28　超级引导员

◇ **游戏变化**:

1. 引导员每次只能说 2 个字。

2. 区域内增加小跨栏,让运球队员跨过。

3. ……

第三节 传接球类游戏

以传接球为主题的足球游戏,不应只注意到学生们传球的准确性,对于传球的力量、时机以及接应队员的无球跑动也要考虑。传接球练习总是枯燥无味的,因此,应保证游戏的趣味性,让学生们乐于去思考。

一、时空穿越

- ◇ 目标:提高传球准确性
- ◇ 适用阶段:小学
- ◇ 人数:20 人
- ◇ 时间:无限制
- ◇ 场地器材:30 米×20 米区域,每队 1 球
- ◇ 游戏方法:

1. 分两队,每队 10 名队员在场地上进行比赛。其中 8 名队员站一纵队双腿张开,第一名队员用脚传球通过此通道给排尾最后一名队员。最后一名队员获得球后迅速带球到排头,依次进行。
2. 进行多轮次的比赛。
3. 最快完成比赛的球队获胜(图 3-3-1)。

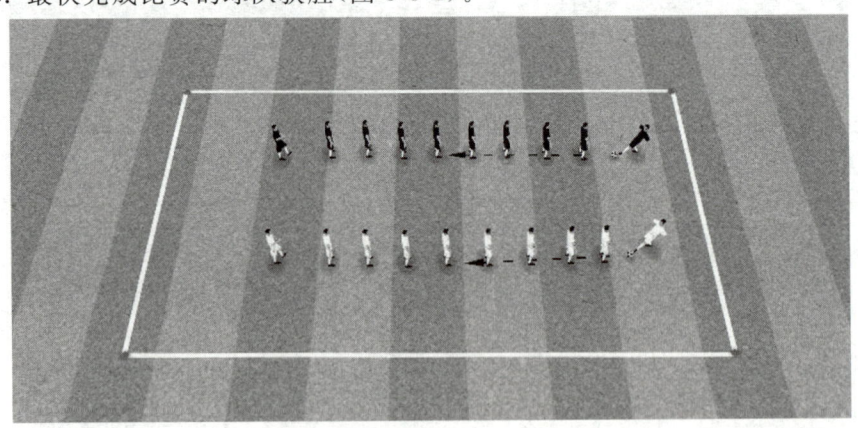

图 3-3-1 时空穿越

- ◇ 游戏变化:

1. 运用后脚跟踢球或头顶球。
2. 踢球前原地转 10 圈。
3. 接球队员接到球后,从所有队员的胯下爬到前排。
4. ……

二、四处碰壁

- ◇ **目标**:提高传球准确性
- ◇ **适用阶段**:初中
- ◇ **人数**:4人1组,分成若干组
- ◇ **时间**:无限制
- ◇ **场地器材**:20米×20米区域,场地4个边线分别设置2个反弹板,足球1个
- ◇ **游戏方法**:

1. 一队队员在长20米、宽20米的场地上进行传控球比赛。控球方尽量多地传控球,可利用活动板墙进行传球。另一队则进行逼抢。场地每个边线上有2块活动板墙。3—5分钟后休息。

2. 进行多轮次的比赛。控球方相互之间的连续传球15次则得1分。

3. 得分最多的球队获胜(图3-3-2)。

图 3-3-2 四处碰壁

- ◇ **游戏变化**:

1. 每个边线减少1个活动板。
2. 每名队员都有1球,进行传控,但不能同时拥有2个球。
3. 无球队员只能接踢到活动板反弹回来的球。
4. ……

三、保龄足球

◇ **目标**:提高传球的准确性和计划性

◇ **适用阶段**:小学

◇ **人数**:6人1组,分成2组

◇ **时间**:2分钟1节,进行4节

◇ **场地器材**:20米×10米区域,标志桶10个,足球12个

◇ **游戏方法**:

1. 将10个标志桶横向摆成2排,前后放在规定的区域内。队员分成2组,每组1人1球,一组做,另一组休息。先做的队员将各自的球摆放在场地一侧的端线上,教师发出口令后,该组队员利用不同的踢球方式,用球将场地另一端区域内的标志桶击倒,在规定的时间结束后,计算被击倒的标志桶数量,两组队员交替进行。

2. 踢球队员每人一次机会,击倒一个标志桶得1分,累积得分,最后得分多的组为胜方。

3. 队员可以在开始线上的任何位置踢球,对踢球的方法不限(图3-3-3)。

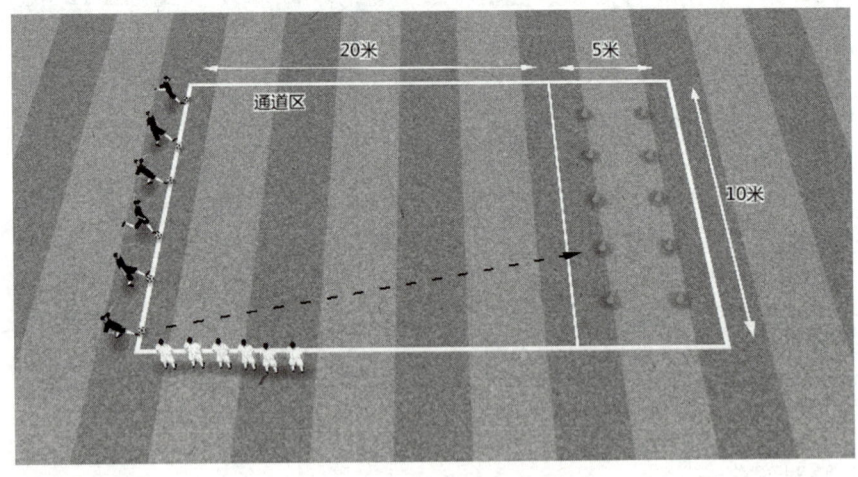

图 3-3-3　保龄足球

◇ **游戏变化**:

1. 用弱势脚踢球。

2. 踢移动的球、空中球、反弹球。

3. 原地转10圈再踢球。

4. ……

四、穿越前线

◇ 目标：提高踢球能力，提高速度和灵敏性

◇ 适用阶段：小学

◇ 人数：20人，10人1组

◇ 时间：10分钟

◇ 场地器材：20米×20米区域，标志杆4个，标志桶12个，足球15个

◇ 游戏方法：

1. 一队队员扮作炮兵，发射大炮（踢球），球只能踢给对面对应的同伴。

2. 另一队队员将从起点出发，躲过炮弹，绕过对面的标志杆后返回，被炮弹击中的队员淘汰出局。

3. 一轮游戏后，互换角色，最终安全返回人数多的一队获胜（图3-3-4）。

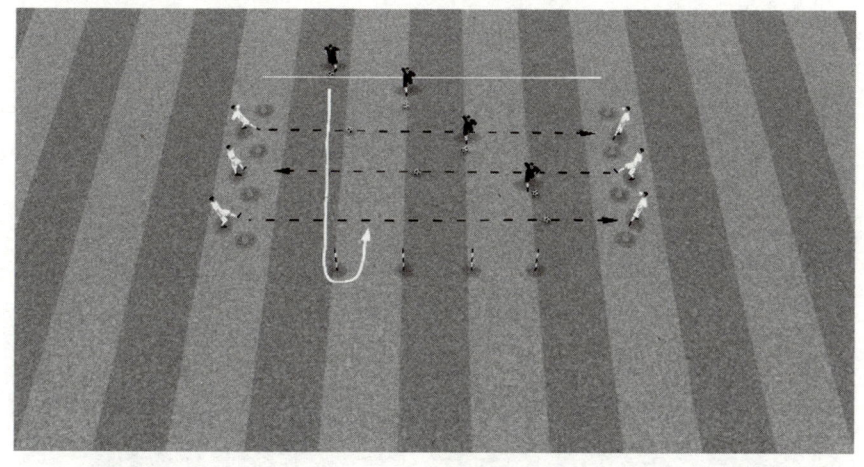

图 3-3-4　穿越前线

◇ 游戏变化：

1. 踢球的队员只能两脚触球。

2. 躲避的队员只能双脚跳。

3. 用外脚背踢球。

4. ……

五、躲避球

◇ **目标**：提高传接球和踢球能力

◇ **适用阶段**：小学—初中—高中

◇ **人数**：20 人

◇ **时间**：5 分钟

◇ **场地器材**：中圈区域，足球 2 个

◇ **游戏方法**：

1. 两队队员，一队在中圈内做躲闪者，另一队在圈外手抛球进行攻击，被球击中者淘汰出圈。

2. 一轮游戏结束后两队互换角色，两轮结束圈内剩余的人数多的一队获胜，如果在规定时间双方队员均都出局则坚持时间较长的一队获胜。

3. 注意安全，不要打到要害部位（图 3-3-5）。

图 3-3-5　躲避球

◇ **游戏变化**：

1. 用脚踢球。

2. 圈外队员顺时针或逆时针慢跑。

3. 只能踢躲避者的脚。

4. ……

六、三国鼎立

◇ 目标:提高踢球能力

◇ 适用阶段:小学—初中

◇ 人数:15人

◇ 时间:3分钟×3组

◇ 场地器材:20米×20米区域,标志桶若干,足球2个

◇ 游戏方法:

1. 足球场内设有1个直径3米的圆,圆外放置足够的标志桶,距离圆两侧15米设有两个方形区域。

2. 分三队,每个球队代表一个国家建设自己家园,将标志桶尽可能立在圈内。

3. 其他两队分别在各自的区域,踢球将圈内的标志桶击倒。

4. 建设家园的一方每次只能派出一名队员立起一个标志桶。在3分钟内立在圈内标志桶最多的一队获胜(图3-3-6)。

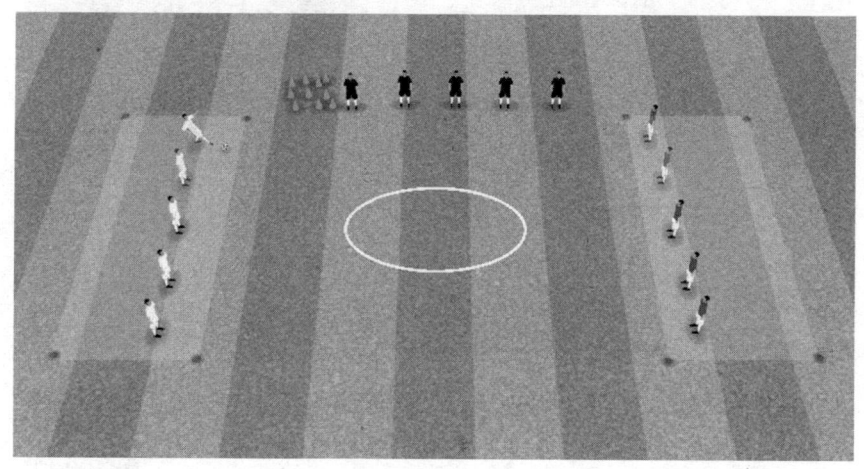

图3-3-6 三国鼎立

◇ 游戏变化:

1. 必须将球踢出圈外。

2. 建设家园的队员如被球踢中,就要返回,由下一位队员去立桶。

3. ……

七、生死速递

◇ 目标:提高传接球能力
◇ 适用阶段:初中
◇ 人数:20 人
◇ 时间:10 分钟
◇ 场地器材:20 米×30 米区域,足球 2 个
◇ 游戏方法:

1. 邮差(红色队员)在指定区域内自由运动,躲开追逐者(白色队员)的追逐,当追逐者以任何方式触碰到邮差,互换角色。
2. 追逐者不得追逐有信件(足球)的邮差,邮差可以手抛球进行信件传递。
3. 时间结束,追逐者为失败者(图 3-3-7)。

图 3-3-7　生死速递

◇ 游戏变化:

1. 用脚传递信件。
2. 增加几个球进行传递。
3. 踢手抛球进行传递。
4. ……

八、一击即中

◇ **目标**：踢球的准确性和反应能力

◇ **适用阶段**：小学

◇ **人数**：20人

◇ **时间**：10分钟

◇ **场地器材**：中圈区域，足球1个

◇ **游戏方法**：

1. 中间队员将球向上抛起，抛起同时喊其他人的名字，被喊到名字的队员上前接球，其他人尽量出逃（不允许出区域）。

2. 当被喊队员在空中直接接到球，抛球人失败并接受惩罚；当球接触地面被接到，在接到同时喊停，其他队员原地不动。

3. 接到球后，将球放在原地，用脚踢球击中其他队员，如果击中，被击中的队员接受惩罚，如果未击中，则踢球队员接受惩罚（图3-3-8）。

图3-3-8 一击即中

◇ **游戏变化**：

1. 用弱势脚踢球。

2. 不允许踢地滚球。

3. ……

九、足球高尔夫

◇ **目标**：踢球的准确性和力量的掌握

◇ **适用阶段**：小学

◇ **人数**：20 人

◇ **时间**：10 分钟

◇ **场地器材**：足球场，标志盘若干，标志服 20 件（2 色），足球 20 个

◇ **游戏方法**：

1. 两人一组同时进行练习，队员同时将球踢向同一标志盘，球停止后距离标志盘最近的一方得 1 分。

2. 每组队员分别将全场 10 个标志盘踢完，得分最多的一方获胜。

3. 队员之间不得相互干扰或阻挡其他球的路线（图 3-3-9）。

图 3-3-9　足球高尔夫

◇ **游戏变化**：

1. 要求队员踢远端的标志桶。

2. 要求队员踢倒桶。

3. ……

十、端到端

◇ **目标**：提高控球能力和传接球能力

◇ **适用阶段**：初中一高中

◇ **人数**：12 人

◇ **时间**：10 分钟

◇ **场地器材**：30 米×20 米区域内平均分成 3 个区域，标志服 12 件（3 色），足球 4 个

◇ **游戏方法**：

1. 场地一端区域的队员通过传球寻找机会传球到另一端区域。

2. 中场区域队员努力阻挡传球，如被任何部位触到球，则与失球一方互换角色。

3. 传球队员只能传球，不能持球跑，传球高度不可超过肩部（图 3-3-10）。

图 3-3-10　端到端

◇ **游戏变化**：

1. 中场区域增加防守队员。

2. 6 秒钟之内必须将球从场地一端传到另一端。

3. ……

十一、阵地穿越

◇ 目标:提高控球能力和传接球能力

◇ 适用阶段:初中—高中

◇ 人数:12 人

◇ 时间:10 分钟

◇ 场地器材:30 米×20 米区域内平均分成 3 个区域,标志服 12 件(3 色),足球 4 个

◇ 游戏方法:

1. 场地一端区域的队员通过传球寻找机会传球到另一端区域。

2. 中场区域的队员有 2 个目标:努力拦截传球或者派一名队员到球所在区域抢截对方的球,如被任何部位触到球,则与失球一方互换角色。

3. 传球队员只能传球,不能持球跑,传球高度不可超过肩部(图 3-3-11)。

图 3-3-11　阵地穿越

◇ 游戏变化:

1. 增加一名防守队员。

2. 6 秒钟之内必须将球从场地一端传到另一端。

3. 允许踢高空球。

4. ……

十二、丛林穿越

- ◇ **目标**：提高把握传球时机能力
- ◇ **适用阶段**：初中
- ◇ **人数**：8人
- ◇ **时间**：5分钟
- ◇ **场地器材**：中圈区域，标志桶若干，足球4个
- ◇ **游戏方法**：

1. 两人一组，每组一球，分别相对站在圈外，所有队员逆时针围着圈慢跑，持球队员在跑动过程中，设法将球踢地滚球传给同伴，如果球在没有触碰任何标志桶被同伴接到，得1分。

2. 规定时间内得分最多的一队获胜（图3-3-12）。

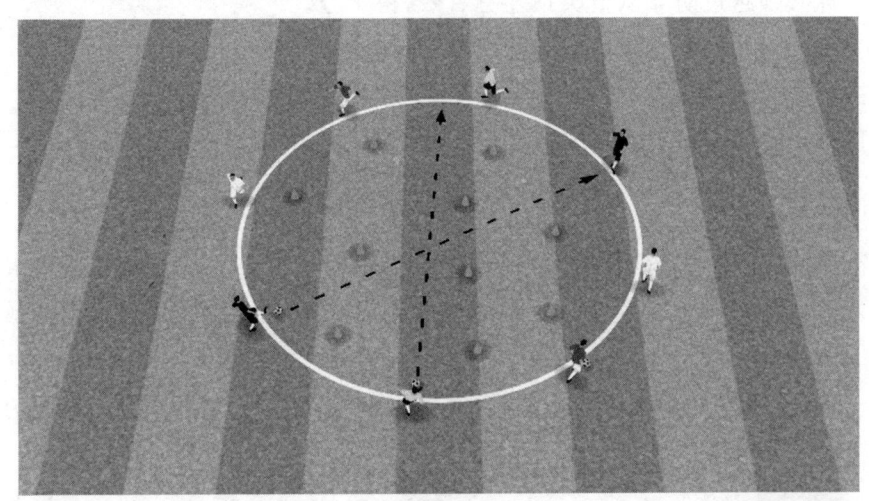

图 3-3-12　丛林穿越

- ◇ **游戏变化**：

1. 根据信号随时转换跑动方向。
2. 增加标志桶的数量。
3. 可以将球选择传给任何一个无球队员。
4. ……

十三、飞鸽传书

◇ 目标：提高传接空中球的能力
◇ 适用阶段：初中
◇ 人数：12 人
◇ 时间：10 分钟
◇ 场地器材：20 米×30 米区域，中间有 10 米宽的危险区域，标志服 12 件（3 色），足球 1 个

◇ 游戏方法：

1. 分成 3 队，一队在危险区域阻挡，其他两队分别在两侧进行长传球，设法不让中间区域队员触碰或直接落入危险区域。

2. 如果球被中间队员触碰，互换角色。

3. 球必须越过防守队员头顶才算有效，得 1 分。

4. 规定时间内得分最多的一队获胜（图 3-3-13）。

图 3-3-13　飞鸽传书

◇ 游戏变化：

1. 空中接力传球过防守区域可以得 2 分。
2. 球传到另一区域必须由同伴头顶球才得分。
3. ……

十四、无敌风火轮

◇ 目标:快速传球的准确性

◇ 适用阶段:小学

◇ 人数:20 人

◇ 时间:10 分钟

◇ 场地器材:半径 10 米与 1 米的同心圆,足球 2 个

◇ 游戏方法:

1. 内圈队员背对站立,将球传至外圈,然后接回传球,再传给下一名队员。
2. 两人顺时针转动,最先传够一周的队员获胜(图 3-3-14)。

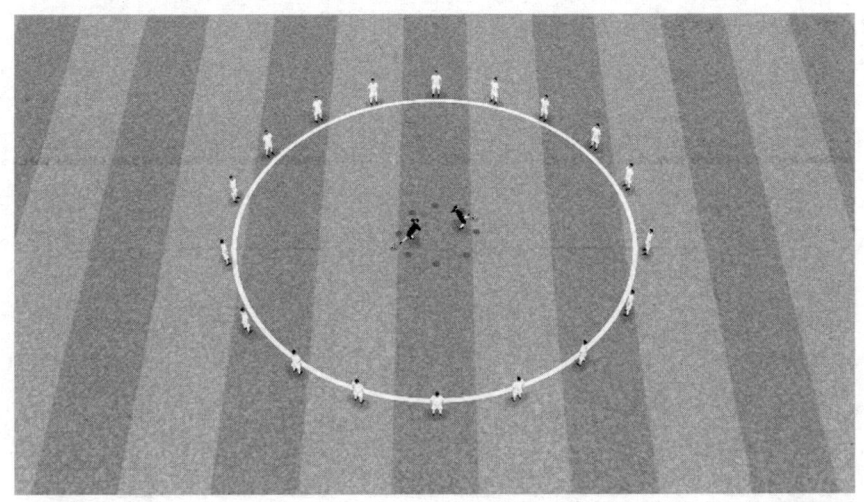

图 3-3-14　无敌风火轮

◇ 游戏变化:

1. 接手抛的空中球,并将球踢到下一名队员手中。
2. 用头顶球。
3. 接球转身传给对面队员。
4. ……

十五、流水作业

◇ **目标**：提高球感和传空中球的能力

◇ **适用阶段**：初中—高中

◇ **人数**：16 人

◇ **时间**：5 分钟

◇ **场地器材**：20 米×20 米区域，分队服 16 件（2 色），足球和标志盘若干

◇ **游戏方法**：

1. 队员分别站在标志盘上，队员将边线的球通过传空中球的方式，接力将球踢至篮子里。
2. 要求球不能落地，如落地则将球返回起点重新开始。
3. 规定时间内踢入篮子里最多的一方获胜（图3-3-15）。

图 3-3-15　流水作业

◇ **游戏变化**：

1. 头顶球传球接力。
2. ……

十六、打地鼠

◇ **目标**：提高踢球的准确性

◇ **适用阶段**：小学－初中

◇ **人数**：20 人

◇ **时间**：5 分钟

◇ **场地器材**：中圈区域，标志服 20 件（2 色），足球 2 个

◇ **游戏方法**：

1. 一组队员蹲在圈内，双手抱头，另一组队员持球在圈外，通过配合用球击打站起来的队员。

2. 蹲在圈内的队员每次站起间隔时间不能超过 3 秒，规定时间内，互换角色，击中多的一组获胜（图 3-3-16）。

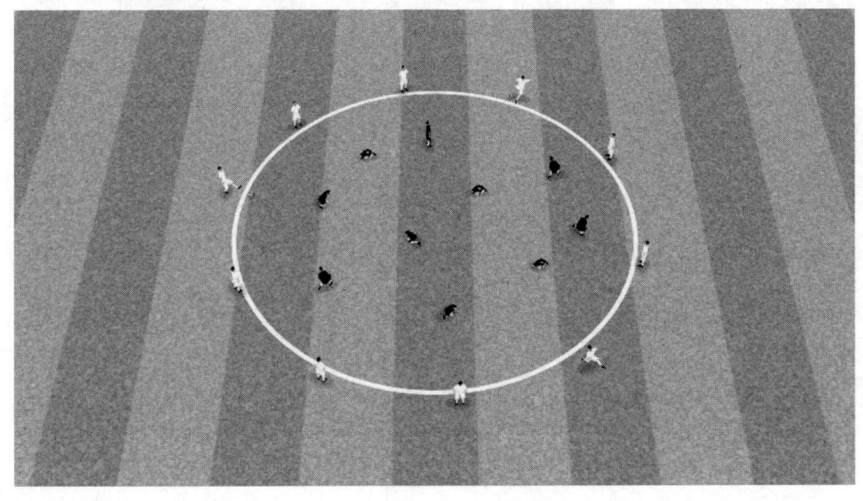

图 3-3-16　打地鼠

◇ **游戏变化**：

1. 用脚踢球打地鼠。

2. 用头顶球打地鼠。

3. ……

十七、反弹传球

◇ 目标：提高一脚传球能力

◇ 适用阶段：小学

◇ 人数：12 人

◇ 时间：5 分钟

◇ 场地器材：足球训练墙前 5 米设一条限制线，足球 4 个

◇ 游戏方法：

1. 3 人一组一球，要求持球队员踢球撞墙一次反弹给另一名队员，队员必须一脚踢球。

2. 先连续踢够 20 次的一方获胜（图 3-3-17）。

图 3-3-17　反弹传球

◇ 游戏变化：

1. 在墙前摆设小栏架，将球跃过小栏架反弹从栏架下面滚回来。

2. 队员背身，踢球后再转身并喊下一个接球队员的姓名。

3. ……

十八、低球穿越

◇ 目标：提高队员传接地滚球的能力和抢截的判断能力

◇ 适用阶段：初中—高中

◇ 人数：6 人

◇ 时间：10 分钟

◇ 场地器材：10 米×20 米区域，中间拉有一个球网，高度略高于足球的高度，球网线的两侧 2 米分别有两条线将区域分成 3 个区域，足球 1 个

◇ 游戏方法：

1. 队员在本区域内传球 3 次以内，将球踢至对方区域，要求球必须通过隔网的下面。

2. 要求所有队员都是一脚处理球。

3. 如对方队员没有接到来球，处理球超过 3 脚或球没有通过网下，获得 1 分，先得 15 分的一方获胜（图 3-3-18）。

图 3-3-18　低球穿越

◇ 游戏变化：

1. 用弱势脚传球。

2. 在底线设有小球门，进对方球门得 1 分。

3. ……

十九、移动的球门

◇ 目标：提高传接球的能力

◇ 适用阶段：初中—高中

◇ 人数：20

◇ 时间：10分钟

◇ 场地器材：20米×30米区域，标志服20件（2色），标志杆2根，足球2个

◇ 游戏方法：

1. 两队各派两名队员手握标志杆（或拉紧标志服）形成一个球门，可在区域内自由运动。

2. 每队分别控制一个足球，通过传接设法踢球穿过对方移动的小球门，再由本队队员接球得1分。

3. 两队队员不得主动干扰对方。

4. 规定时间内，得分多的一方获胜（图3-3-19）。

图3-3-19　移动的球门

◇ 游戏变化：

1. 每队设有2个球门。

2. 每进1球，便可减少1名对方队员，直到对方只剩1名队员。

3. ……

第四节　头顶球游戏

以头顶球技术为主题的游戏,让学生们克服头顶球的恐惧感,学会判断落点,掌握击球和发力部位是游戏的主要目的。

一、头球射门比赛

◇ 目标:头顶球与观察力
◇ 适用阶段:初中
◇ 人数:14 人
◇ 时间:10 分钟
◇ 场地器材:40 米×50 米区域,一端放置大球门 1 个,另一端放置 2 个小球门,标志服 14 件(2 色),足球 1 个
◇ 游戏方法:

1. 将队员分成两队,每队 7 名队员,在长 40 米、宽 50 米的场地上进行比赛。在场地的两端分别设立 1 个标准球门和 2 个 3 米宽的球门,进行多轮次的比赛。

2. 进攻大门的队员只允许头球射门则为得分。进攻小门的队员只允许地滚球穿过球门。5 分钟后双方交换场地。在规定时间内得分较多的球队获胜(图3-4-1)。

图 3-4-1　头球射门比赛

◇ 游戏变化:

1. 手抛球进行传递,大小球门都用头顶球的方式射门。
2. ……

二、鲤鱼跃龙门

◇ **目标**：头顶球的准确性

◇ **适用阶段**：小学—初中

◇ **人数**：全体队员平均分成两组

◇ **时间**：10 分钟

◇ **场地器材**：在场地内画两条平行线，间距 30 米，足球两人 1 个

◇ **游戏方法**：

1. 同组每两人持一球，位于罚球区线后，相对头顶球向球门行进，行进中头顶球击横梁。

2. 头顶球击中横梁得 1 分，得分多的组获胜（图 3-4-2）。

图 3-4-2　鲤鱼跃龙门

◇ **游戏变化**：

1. 可以限制多少次顶球后必须完成击打横梁。

2. ……

三、头手并用

- ◇ **目标**：提高在比赛中合理运用头球技术能力
- ◇ **适用阶段**：初中
- ◇ **人数**：20 人
- ◇ **时间**：15 分钟
- ◇ **场地器材**：30 米×40 米区域，设置 2 个球门，标志服 20 件（2 色），足球 1 个
- ◇ **游戏方法**：

1. 10 对 10 比赛，比赛的进行必须按照手传球 1 次＋头顶球 1 次或头顶球＋头顶球的顺序进行，违反规则转换球权。

2. 完成射门必须是头顶球。

3. 规定时间内，射门得分多的一方获胜（图 3-4-3）。

图 3-4-3　头手并用

- ◇ **游戏变化**：

1. 连续头顶球可以累积得分，例如连续头顶球 5 次得 5 分。
2. 可以头顶球击打对方队员，如果被头顶球击中则淘汰出局。
3. ……

四、轮流轰炸

◇ 目标：提高在比赛中合理运用头球技术能力

◇ 适用阶段：小学—初中

◇ 人数：20 人

◇ 时间：10 分钟

◇ 场地器材：球场门前区域，足球 10 个

◇ 游戏方法：

1. 一组队员轮流接手抛球头球射门，另一组队员轮流守门，规定时间内，进球得分多的一方获胜。

2. 进攻队员头球后，转为抛球队员，防守队员每次只能防守一球（图 3-4-4）。

图 3-4-4　轮流轰炸

◇ 游戏变化：

1. 每次抛球，可同时上两名队员上前头球射门，防守队员一名队员到门前守门，另一名队员上前防守。

2. 传球队员用脚踢球。

3. ……

第五节 抢截类游戏

抢截类游戏是防守游戏,掌握合理的防守和抢截技巧是该类游戏的主要目的。

蜂巢脱险

◇ **目标**:提高运球的时机意识和整体防守能力
◇ **适用阶段**:小学—初中
◇ **人数**:11 人
◇ **时间**:5 分钟
◇ **场地器材**:边长 5 米的六边形区域(蜂巢),标志服 11 件(2 色),足球 6 个
◇ **游戏方法**:

1. 5 名防守队员只能在六边形的边线上移动,持球队员伺机通过一边线运球进入区域,再通过其他边线出区域得 1 分。
2. 如果持球队员被防守队员以任何方式触到球,则返回原处重新开始。
3. 规定时间内得分多者为胜方(图 3-5-1)。

图 3-5-1 蜂巢脱险

◇ **游戏变化**:

1. 进入蜂巢的队员必须 5 秒钟之内离开。
2. 用弱势脚运球。
3. 防守队员可以在蜂巢内自由活动。
4. ……

第六节 射门类游戏

射门类游戏是学生们最感兴趣的游戏方式,在游戏设计过程中,要考虑到实际比赛中常有的射门方式以及怎样去提高学生们的射门欲望。

一、以多胜少

- ◇ **目标**:通过游戏熟悉球性
- ◇ **适用阶段**:初中—高中
- ◇ **人数**:8人
- ◇ **时间**:10分钟
- ◇ **场地器材**:30米×20米区域,标志服8件(3色),足球2个
- ◇ **游戏方法**:

1. 将队员分为两队,每队3名队员,在长30米、宽20米的场地上进行比赛。
2. 场地内有2名自由队员,他们随着球权的转换而转变角色,他们不可以射门。
3. 进攻方通过人数优势寻求射门得分(图3-6-1)。

图3-6-1 以多胜少

- ◇ **游戏变化**:

1. 增加或减少自由队员的数量。
2. 改变场地大小。
3. ……

二、共享射门

◇ **目标**：快速射门的准确性

◇ **适用阶段**：小学—初中

◇ **人数**：8人，4名队员一组，分成2组

◇ **时间**：2分钟

◇ **场地器材**：20米×20米区域，每边线放置一个球门，标志服8件（2色），足球若干

◇ **游戏方法**：

1. 将队员分为两队，每队4名队员，在长20米、宽20米的场地上进行比赛。在场地每个边设立宽3米的球门。同队队员两人一组，其中的一个人站在球场中央，另一个人（搭档）站在球场的角处。球场中间摆放20个球。比赛开始后，球场中的队员将球向任意一个球门射门。

2. 每射入1个球后，迅速跑向自己的队友，击掌后再进行下一次的射门。每名场中队员有5秒的时间进行射门，然后与自己搭档交换角色，最后时间内进球最多的一方获胜（图3-6-2）。

图3-6-2　共享射门

◇ **游戏变化**：

1. 一队射门另一队进行防守。

2. 先颠球5次，再凌空射门。

3. ……

三、射门比赛

◇ **目标**：提高射门的准确性

◇ **适用阶段**：小学

◇ **人数**：14人，分为7组，每组2人

◇ **时间**：10分钟

◇ **场地器材**：20米×40米区域，场地两端设置标准球门，足球10个

◇ **游戏方法**：

1. 在场地的中央区域摆放10个球，教练发出指令后，每队各有一名队员进入场地，快速运球，并朝对方守门员把守的球门射门。每轮结束后，更换不同的队员进行游戏。最后一轮由守门员射门，队员把守球门。

2. 射门必须在限制线以外施射，如守门员脱手，可以进入限制线补射；当10个球射完后，看哪一队的得分多，即为胜者（图3-6-3）。

图3-6-3　射门比赛

◇ **游戏变化**：

1. 跑入球场内，颠球走进行凌空抽射。

2. ……

四、黄金射手

◇ 目标:培养学生选择合理射门技术与角度的能力

◇ 适用阶段:小学

◇ 人数:10人,分为2组,每组5人

◇ 时间:15分钟

◇ 场地器材:20米×15米区域,足球10个

◇ 游戏方法:

1. 队员成一路纵队站在距球门6米远的限制线后,比赛开始,队员依次将球踢出,球进门前不能碰倒人墙(5个可乐瓶)和守门员(1个可乐瓶)。

2. 每进1球,得1分;每人踢3球,最后累计全队进球总数的多少判定名次(图3-6-4)。

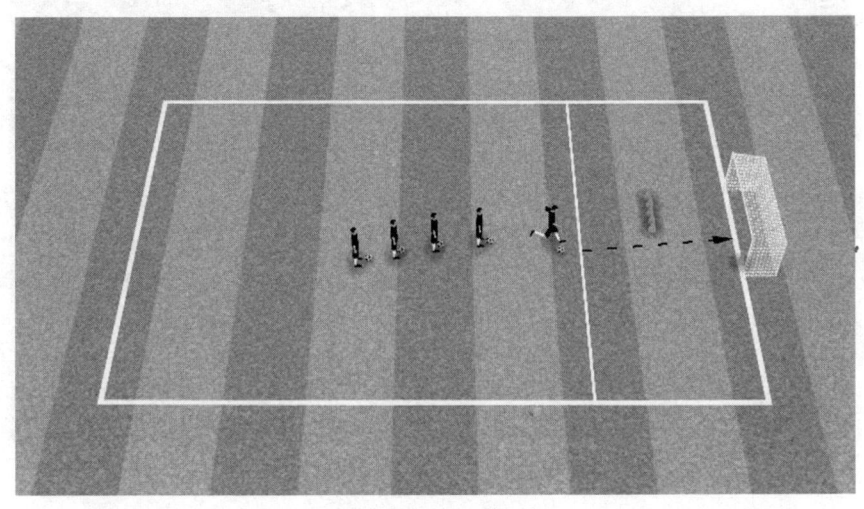

图 3-6-4　黄金射手

◇ 游戏变化:

1. 要求队员必须接传球后一脚射门。

2. 背对球门接传球后转身射门。

3. 必须使用弱势脚射门。

4. ……

五、疯狂的射门

◇ 目标：提高射门欲望

◇ 适用阶段：初中—高中

◇ 人数：10人

◇ 时间：10分钟

◇ 场地器材：20米×30米区域，设2个球门，标志服10件(2色)，足球若干

◇ 游戏方法：

1. 将队员分为2组，每组5人，实行5对5比赛。只要一方队员射门，不管进不进，教师在场外将球继续传给射门一方，继续比赛。

2. 进球得1分，规定时间内得分高的球队获胜（图3-6-5）。

图 3-6-5 疯狂的射门

◇ 游戏变化：

1. 场外设4名自由人，给控球队员进行传接配合。

2. 教师只能传空中球。

3. ……

第七节　守门类游戏

在足球练习中,守门员技术往往被忽略。在学生接触足球前期,进行守门员游戏,让学生初步了解守门技巧的必要性。

一、空中抢圈

- ◇ 目标:守门员控制高空球和脚下移动的能力
- ◇ 适用阶段:初中
- ◇ 人数:4人
- ◇ 时间:5—10分钟
- ◇ 场地器材:3米×3米区域,足球1个
- ◇ 游戏方法:

1. 4名守门员,3个人作为传球者,在外围站成1个三角形,剩余的1个人作为防守队员站在3个人的中间,3个人在外围跳起在空中相互间用手自由传球,中间的防守人通过移动和跳跃,用手去抢断球或者触及球。

2. 外围的3个人脚下不能移动。

3. 谁在空中没有将球传出或者传球失误、接球失误或者被中间的防守人触到球,就由该队员到中间抢球。

4. 如果外围的3个人连续跳起在空中传球达到20次,中间防守队员做3个前滚翻(图3-7-1)。

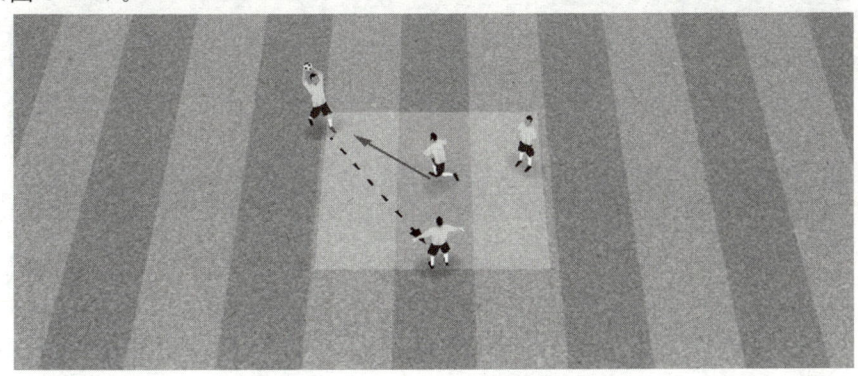

图3-7-1　空中抢圈

- ◇ 游戏变化:

1. 3个人传2个足球。
2. 传球队员必须传反弹球。
3. 只能用一只手传接球。
4. ……

二、狡兔三窟

◇ **目标**：锻炼守门员扑球的能力

◇ **适用阶段**：初中—高中

◇ **人数**：4 人

◇ **时间**：10 分钟

◇ **场地器材**：4 米×4 米区域，内设 4 个 3 米三角形区域，足球 1 个

◇ **游戏方法**：

1. 3 个守门员坐在 3 米边长的三角形的顶点处，手持 1 球，通过反弹球传给自己同伴。

2. 中间一名守门员跪在中心点，通过扑球动作破坏 3 个人的相互传球。

3. 扑到谁传出的球后与谁交换位置（图 3-7-2）。

图 3-7-2　狡兔三窟

◇ **游戏变化**：

1. 守门员站立防守。

2. 外围三名守门员可以任何方式传球。

3. 要求守门员只能用一只手控制球。

4. ……

第八节 组合技术类游戏

在同一游戏中可以练习到足球多个技术,是组合技术类游戏的特点。在设计过程中考虑到游戏的合理性,让学生们明确游戏的目的也是相当重要的。

一、网式足球

- ◇ **目标**:练习球感,培养配合能力
- ◇ **适用阶段**:初中—高中
- ◇ **人数**:6人
- ◇ **时间**:20分钟
- ◇ **场地器材**:15米×30米场地,中场加1个1.5米隔网,足球1个
- ◇ **游戏方法**:

1. 两队分别在网的两侧,一方用脚踢球过球网,另一方不超过三次空中传接踢过隔网,最终落地或出界的一方丢1分。
2. 接球队员第一次触来球允许落地1次,可用头、脚、胸等部位触球,同一队员不可连续触球2次。
3. 队员不允许过网触球,出界以球落地为准(图3-8-1)。

图3-8-1 网式足球

- ◇ **游戏变化**:

1. 不限制空中传球次数,但必须用左脚(或右脚)传过球网。
2. 每队设有一名自由人,自由人可以连续颠球。
3. ……

二、乒乓足球

◇ 目标：提高学生的球性

◇ 适用阶段：初中—高中

◇ 人数：2人

◇ 时间：20分钟

◇ 场地器材：5米×8米区域，中间设置隔网，足球1个

◇ 游戏方法：

1. 先由挑边决定发球权，发球区域在本方端线后，发出的球必须直接过网落在对方场区。接球前球要落地1次，然后用除手臂以外的身体任意部位将球击回对方半场。

2. 本方发球、回球不过网或出界为失误，则对方得1分；本方接球前球没有落地或反弹超过1次为失误，则对方得1分；本方手臂触球为失误，则对方得1分。

3. 比赛为11分一局，采取三局两胜制（图3-8-2）。

图3-8-2 乒乓足球

◇ 游戏变化：

1. 每队两人进行游戏。

2. ……

第九节　团队意识类游戏

团队配合是足球运动的特点,让学生们如何利用团队的力量赢得游戏的最后胜利,是团队意识类游戏的主要目标,胜利后记得来一个团队的庆祝方式吧。

一、聪明的小兔子

- ◇ 目标:提高学生的球性
- ◇ 适用阶段:小学
- ◇ 人数:4人1组,分成若干组
- ◇ 时间:3分钟1组,做3—4组
- ◇ 场地器材:20米×15米区域,其中三边各用标志桶摆放1个小球门,足球若干
- ◇ 游戏方法:

1. 一组4人,2人为小白兔,另2人为大灰狼。(白兔和大灰狼用标志服区分)2只小白兔带着它们的孩子(球)在森林里玩耍(自由传球),突然(教练口令:狼来了)出现了2只大灰狼,他们要把兔宝宝吃掉,可是兔爸爸和兔妈妈非常聪明,它们已经建好了3个洞(标志桶球门),它们机敏地将兔宝宝带回到洞里(将球传到小标志桶球门里)。

2. 有球组将球运回小门得2分,传回小门里得1分;防守组若破坏了有球组的进攻得1分,如果成功抢下或断下控球权,得2分。最终以得分多的组为胜方(图3-9-1)。

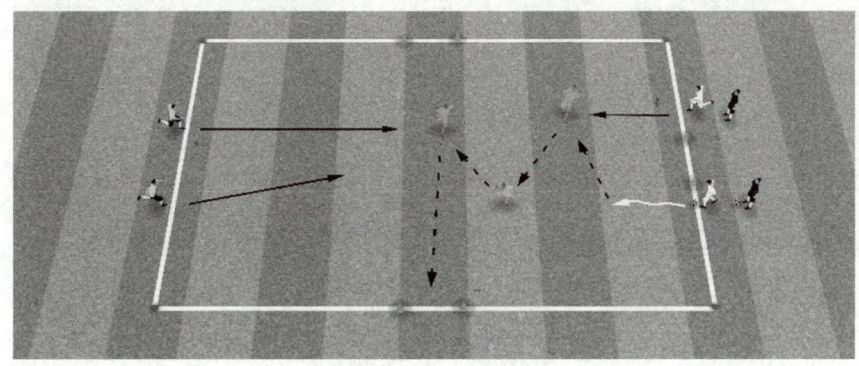

图3-9-1　聪明的小兔子

- ◇ 游戏变化:

1. 增加兔子的数量,每只兔子都带一只兔宝宝。
2. ……

二、捕鱼

◇ 目标：提高学生观察和合作能力

◇ 适用阶段：小学

◇ 人数：24人，12人1组

◇ 时间：4分钟1节，进行3节

◇ 场地器材：20米×10米区域，标志服24件（2色），足球10个

◇ 游戏方法：

1. 每组选出2人，在对方场地的中间区域手拉手做渔网，阻止对方队员运球到场地另一端的安全区；其余队员在本方场地的安全区内做自由传球，当发现空当时，其中1人应迅速运球到对面的安全区，每组队员在规定的时间内重复进行。

2. 做渔网的队员必须手拉手，任何1人触到对方即可，手分开无效，另外不能进入安全区；如果传球出了安全区，扣1分；运球队员一旦离开安全区就不能再向回运球；运球队员与球都到达安全区内为成功，得1分；如果球出了安全区为失败，不得分。在规定时间内，得分多的组为胜方（图3-9-2）。

图3-9-2　捕鱼

◇ 游戏变化：

1. 在安全区内两脚之内必须传出。

2. 两个人手拉手运球冲过中间区域。

3. ……

三、足棒球

- ◇ **目标**:提高学生观察、判断能力和小组合作精神
- ◇ **适用阶段**:高中
- ◇ **人数**:20 人,分成 2 组
- ◇ **时间**:5—8 分钟 1 节,进行 4 节
- ◇ **场地器材**:标准的 1/4 足球场,标志服 20 件(2 色),足球 10 个
- ◇ **游戏方法**:

1. 将队员分为甲乙两组。甲组队员进行踢球跑垒,选出 1 名队员做供球者,其余队员依次将供球者的传球直接踢出限制区域后,快速跑垒并将圈内的标志桶踢倒,即为安全进垒,如果成功跑回本垒,得 4 分。乙组队员分散站在规定的区域,阻止攻方跑垒,如果攻方队员跑垒未踢倒规定的标志桶之前,守方接到了球,可以通过自己抱球或相互传球,用球击倒标志桶,则跑垒队员出局。跑垒组结束后,两组交换攻守角色。

2. 攻方传球队员必须将球传入 2 米区,否则传球无效,连续 3 次失误,则被罚出局,另换 1 名攻方队员。跑垒队员直接将球踢出限制区才能跑垒,每名队员 2 次机会,失误则被罚出局,换人。踢球者在跑垒中如果被球击中,或守方用球将规定的标志桶击倒,则该队员出局;一个垒可以同时站几个攻方队员,但跑垒时一次只能跑 1 名队员。攻方只有跑完 4 个垒才算成功,得 4 分。最后分数多者为胜方(图3-9-3)。

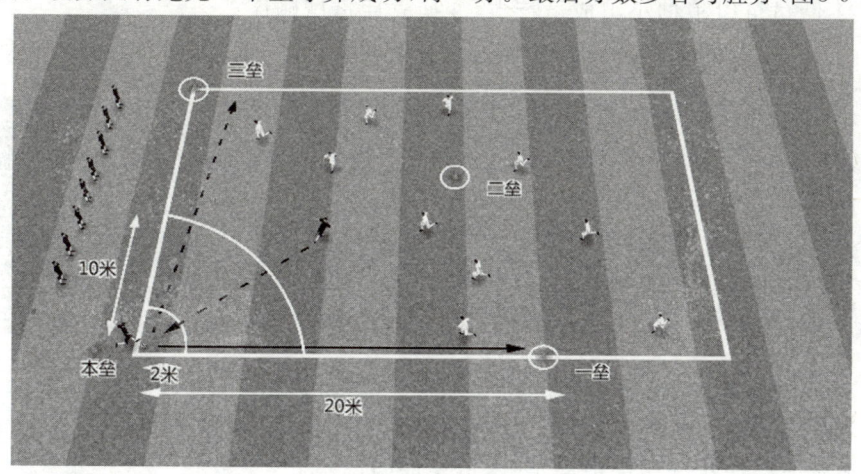

图 3-9-3 足棒球

- ◇ **游戏变化**:

1. 供球者必须踢出反弹球或高空球。
2. 跑垒必须踢在空中的球(球可以反弹到空中)。
3. ……

四、快马加鞭

◇ 目标:提高学生速度素质和运控球能力

◇ 适用阶段:小学

◇ 人数:20人,5人1组,分为4组

◇ 时间:5分钟1节,进行2节

◇ 场地器材:标准的1/2篮球场,足球4个,号码衣红、黄、蓝、绿各5件,标志桶20个

◇ 游戏方法:

1. 每组队员穿不同颜色的号码衣,成4路纵队,分别站在篮球场底线,教师鸣哨后,队员按教师的要求,分别用不同的方式控球来完成接力跑游戏(图3-9-4-1)。

2. 在每组队员跑动的路线上,放置不同的障碍物,使队员按要求越过障碍物,完成接力游戏(图3-9-4-2)。队员只能用一只脚运控球,必须绕桶一周才能向前运球,必须用规定的技术完成运控球。

(1) 队员要严格按要求完成游戏。

(2) 队员可以根据小组成员特点,变换先后运球顺序。

(3) 注意场地的宽度,避免组之间相互影响。

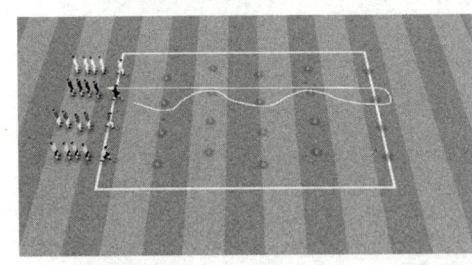

图3-9-4-1 快马加鞭1　　图3-9-4-2 快马加鞭2

◇ 游戏变化:

1. 要求控球队员颠球累计10个再运球跑。

2. 要求队员颠球跑。

3. 用弱势脚运球。

4. ……

五、连体婴足球赛

◇ 目标:提高传接球能力,培养队员直接的交流能力

◇ 适用阶段:初中—高中

◇ 人数:20 人

◇ 时间:10 分钟,休息 2 分钟

◇ 场地器材:30 米×40 米区域,底线分别放置一个球门,足球 1 个,标志桶 4 个,球门 2 个

◇ 游戏方法:

1. 两队进行 10 对 10 足球比赛。
2. 要求球队两人手拉手,比赛过程中不得分开,不设守门员。
3. 规定时间得分多的球队获胜(图 3-9-5)。

图 3-9-5 连体婴足球赛

◇ 游戏变化:

1. 两名队员背靠背。
2. 两名队员两人三足进行比赛。
3. ……

六、见缝插针

◇ 目标:提高传球的准确性和无球接应能力

◇ 适用阶段:高中阶段

◇ 人数:8人,分成2组

◇ 时间:10分钟,休息2分钟

◇ 场地器材:20米×30米区域,两端各设置1个得分区域,足球1个,标志服8件(2色),标志盘12个

◇ 游戏方法:

1. 两队在指定区域内传接比赛,设法将球传到本方得分区域,队友跑到得分区域内接到球得1分。

2. 接球队员不允许提前进入得分区域接应。

3. 规定时间内得分高的球队获胜(图3-9-6)。

图3-9-6 见缝插针

◇ 游戏变化:

1. 场地两侧各设一名中间人,辅助进攻队员传球。

2. ……

七、补漏洞

◇ 目标:提高队员传接地滚球的能力和抢截的判断能力

◇ 适用阶段:初中

◇ 人数:12 人

◇ 时间:10 分钟,休息 2 分钟

◇ 场地器材:30 米×30 米区域内平均放置 12 个标志桶,足球 1 个,标志盘 4 个,标志服 12 件(红色 10 件,白色 2 件)

◇ 游戏方法:

1. 区域内防守队员自由跑动,要求每个标志桶旁可以站 1 名防守队员,2 名进攻队员有 1 个球,设法持球跑向没有防守队员的标志桶,将桶推倒得 1 分。

2. 进攻队员可以通过用手传球。

3. 防守队员可以跑动补空位置(图3-9-7)。

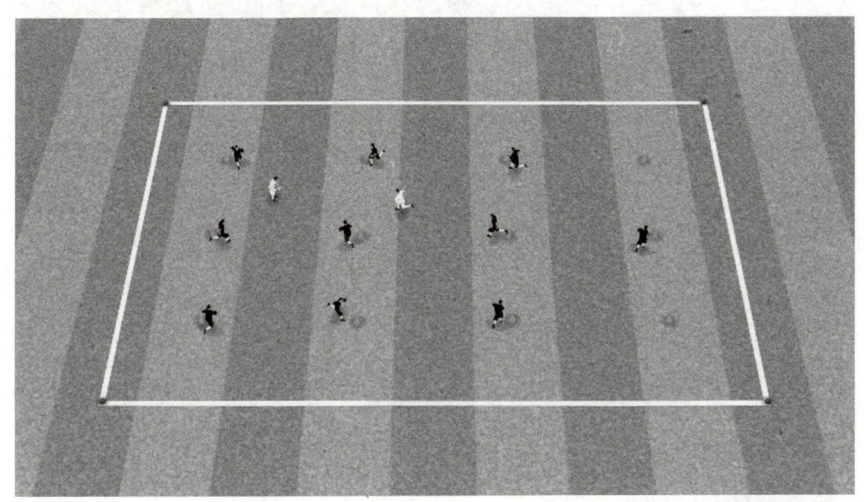

图 3-9-7　补漏洞

◇ 游戏变化:

1. 增加空的标志桶。

2. 设 3 个进攻队员,2 个足球。

3. ……

八、攻防转换

◇ 目标:提高学生防守站位能力、观察能力和合作精神

◇ 适用阶段:高中

◇ 人数:16人,8人1组,分为2组

◇ 时间:5分钟1节,进行3节

◇ 场地器材:25米×25米区域,标志服16件(2色),标志桶12个,足球若干

◇ 游戏方法:

1. 每组队员穿不同颜色的号码衣,自由分布在场地内,或按照4－4、4－3－1等阵形,做攻守比赛。

2. 比赛按照正式的足球竞赛规则进行;将球踢入球门得1分,若将球带入球门得2分;防守时防守队员不能进入3米限制区(图3-9-8)。

图 3-9-8　攻防转换

◇ 游戏变化:

1. 场地两侧各设一名中间人,进行辅助传球。

2. ……

九、打鸭子

◇ **目标**：提高学生团结协作与观察能力

◇ **适用阶段**：初中

◇ **人数**：10 人 1 组，分为 2 组

◇ **时间**：5 分钟 1 节，进行 2 节

◇ **场地器材**：直径 15—20 米的圆圈（可自己选择），标志服 20 件（2 色），足球 3 个

◇ **游戏方法**：

1. 两组队员，穿不同颜色的号码衣，一组自由站在圆圈内，一组沿圆圈线分散站在场外。教师鸣哨后，场地外的队员用手抛球击打圆圈内的躲闪队员，当圈内队员被击中，则自动离场。在一组游戏时间结束后，两组交换角色。在圆圈内的队员如果在空中直接抱住了场外的掷球，那么将使本方一名被击中出场的队员重新进入场内做游戏。

2. 掷出的球只有击中圈内队员的小腿才被认为有效；在规定时间内圈内留下人数多的一组为胜方；如果掷球方故意击打对手腰部以上部位，该队员则被罚出场 30 秒（图 3-9-9）。

图 3-9-9　打鸭子

◇ **游戏变化**：

1. 要求用一只手进行传接。

2. 用教踢球方式进行游戏。

3. ……

十、不倒翁

◇ **目标**:提高学生观察应变能力和拼搏精神

◇ **适用阶段**:小学－初中

◇ **人数**:6人1组,分成2组

◇ **时间**:2分钟1节,进行4节

◇ **场地器材**:25米×25米区域,标志桶24个,标志服12件(2色),足球12个

◇ **游戏方法**:

1. 每组1人1球,在场地内按教师要求做运球练习,教师发出某种颜色的口令,该颜色组队员快速运球并用手将标志桶打倒,另一组队员运球的同时,用手将打倒的标志桶扶起来,在规定的时间结束后,计算打倒的标志桶数。

2. 队员不能用脚将标志桶踢倒,否则无效;扶桶的队员必须在控制好球的状态下进行,否则扶起的桶无效;游戏结束后,计算被击倒的标志桶数量,每个桶得1分,最后得分多的组为胜方(图3-9-10)。

图3-9-10 不倒翁

◇ **游戏变化**:

1. 把队员分为进攻与防守2个组,进攻组每人1球,在运球的同时,用球将标志桶击倒,防守组只能在抢下球后才能运球用手扶桶。

2. ……

十一、抢西瓜

◇ **目标**：提高学生反应能力和拼搏精神

◇ **适用阶段**：初中

◇ **人数**：6人1组，分成2组

◇ **时间**：3分钟1节，进行4节

◇ **场地器材**：30米×20米区域，标志桶24个，标志服12件（2色），足球12个

◇ **游戏方法**：

1. 每组1人1球，在场地内按教师要求做各种运控球练习，当教师发出某种颜色的口令后，该颜色队员快速运球到ABCD任意一个安全区，另一组则运球进行追赶，被追赶上的队员罚令出场。

2. 教师在规定的游戏时间里，向同颜色组反复发出口令，队员按要求进行运球与追赶，规定时间结束后，交换追跑角色（图3-9-11）。

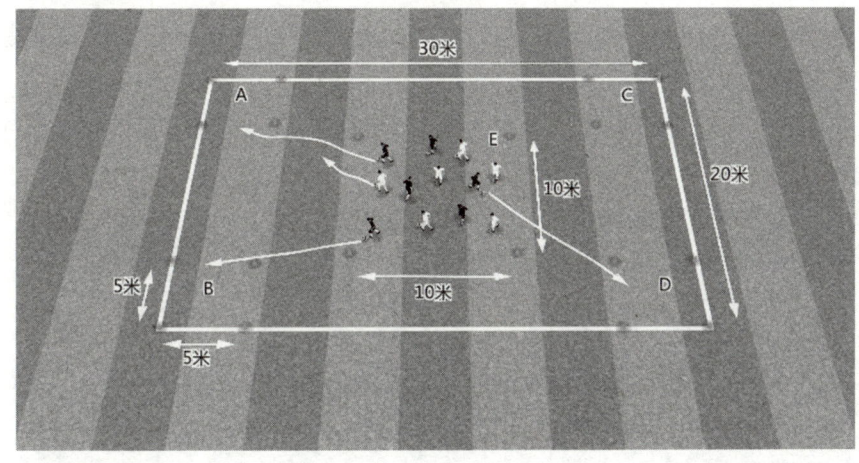

图3-9-11 抢西瓜

◇ **游戏变化**：

1. 追跑角色确定后，每组连续进行3分钟，当规定时间结束后，计算游戏中累计进入ABCD的次数，1次得1分，多者为胜方。

2. ……

十二、狼羊大变身

◇ **目标**：提高学生反应、速度、运控能力

◇ **适用阶段**：小学

◇ **人数**：3人1组，分成若干组

◇ **时间**：15—20分钟

◇ **场地器材**：边线为20米的等腰三角形场地，将等腰三角形的三个角再画出3个5米的小三角形作为安全区。足球若干个，标志服红、黄、绿若干件

◇ **游戏方法**：

1. 3人穿不同颜色号码衣，在场地内用脚运球（可以自由运控），但不能进入安全区。

2. 在队员自由运控球的过程中，教师发出信号，如喊"红色！"其他颜色的队员变成羊并要迅速运球进入安全区，而此时红色队员变成狼。他可以放弃运球，设法捕捉或组织其他队员进入安全区。羊一旦进入安全区后狼将不能再去捕捉羊，之后3人回到场中央重新开始运球。在规定的时间内被捕捉到的次数最少者为胜利，反之为失败。

3. 不允许参与游戏者离开游戏场地；严禁使用暴力的捕捉方法；不允许参与游戏者长时间停留在安全区附近运球（图3-9-12）。

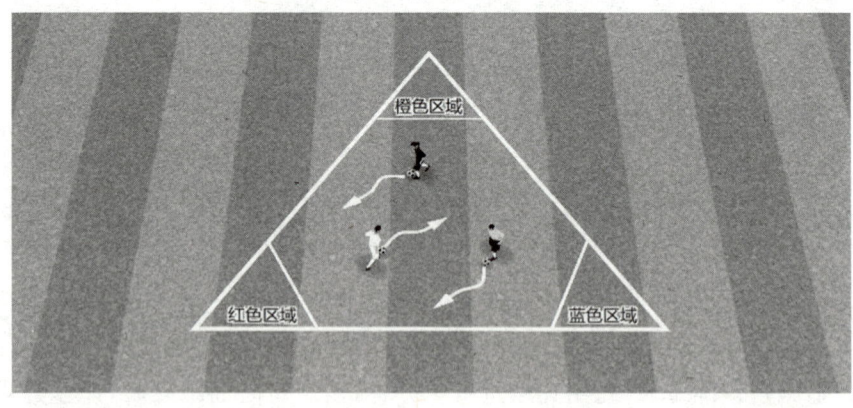

图3-9-12 狼羊大变身

◇ **游戏变化**：

1. 羊只能跑到与服装颜色相匹配的安全区域，否则不算得分。

2. ……

十三、高级躲避球(界外球)

◇ **目标**:提高掷界外球的准确性和速度、灵敏素质

◇ **适用阶段**:初中—高中

◇ **人数**:20 人

◇ **时间**:10 分钟,间歇时间 2 分钟

◇ **场地器材**:20 米×20 米区域,内画一个"回形"场地,足球 1 个,标志服 20 件(2 色),胶带

◇ **游戏方法**:

1. 一队队员(红色)在从"回形"区域的入口进入,设法躲开来球,跑进安全岛(黄色正方形区域),再由安全岛向入口跑出。

2. 另一队队员(蓝色),在指定区域外两侧,用手抛球方式击打区域内的队员,被球击中的队员淘汰出局。

3. 一局结束后,互换角色,跑出"回形"区域队员多的一方获胜。

4. 被击中的队员自动退出场地,不得破坏球,击球一方注意安全不要击打要害部位(图 3-9-13)。

图 3-9-13 高级躲避球(界外球)

◇ **游戏变化**:

1. 用脚踢球方式进行游戏。

2. 使用 2 个足球。

3. ……

十四、二龙戏珠

◇ 目标:锻炼学生力量耐力素质、核心力量,提高把握时机的能力

◇ 适用阶段:小学—初中

◇ 人数:18 人

◇ 时间:5 分钟,休息 2 分钟

◇ 场地器材:10 米×20 米区域,内设 9 个 1.5 米×2 米小区域,底线分别放有 2 个标志盘组成的球门,足球 9 个,标志盘 36 个

◇ 游戏方法:

1. 两人一组一球,队员在球门内面对面站立,肩膀与球门对齐,相对做直臂俯卧姿势。

2. 队员用手推地滚球,将球推进对方球门得 1 分。

3. 先得够 10 分的一方获胜(图 3-9-14)。

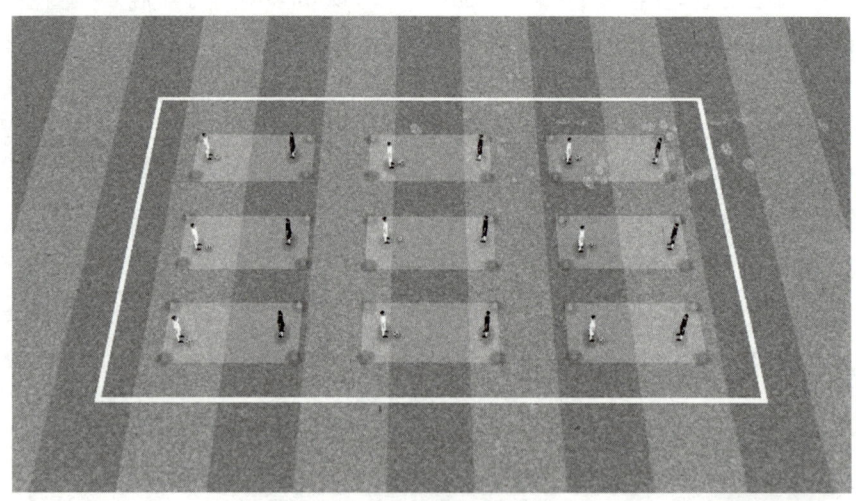

图 3-9-14　二龙戏珠

◇ 游戏变化:

1. 每组 4 人,进行 2 对 2 练习。

2. 4 人 4 门进行练习,控球队员将球推入任何一个球门都可得分。

3. ……

十五、开火车

- ◇ **目标**：培养学生运球随机变化能力与灵活性
- ◇ **适用阶段**：小学
- ◇ **人数**：4 或 5 人一组，分若干组
- ◇ **时间**：5 分钟一组，做 2—3 组，休息 2 分钟
- ◇ **场地器材**：20 米×15 米区域，足球若干个
- ◇ **游戏方法**：

1. 两个人的间距在 2 米左右，前面的人运球做各种急停、急转向动作，也可任意做假动作，也可以抱着球。总之充分发挥自己的想象力，后面的人要模仿前面的人做动作。

2. 每过半分钟换一个人，由第一名队员带球到最后一个位置，此时由原来的第二名队员再继续带着大家做动作。此练习 5 分钟一组（图 3-9-15）。

图 3-9-15 开火车

- ◇ **游戏变化**：

1. 前面的人先做一套动作组合，做完之后，后面队员再进行模仿。
2. ……

十六、追逃犯

◇ **目标**:提高学生灵敏素质和相互合作的团队精神

◇ **适用阶段**:初中—高中

◇ **人数**:队员22人

◇ **时间**:5分钟1节,进行2节,休息2分钟

◇ **场地器材**:直径25米的圆圈,标志服22件(2色),足球22个

◇ **游戏方法**:

1. 把队员分成2组,穿不同颜色的号码衣,同颜色组中两人一对,每人一球并排站在圆圈场地的线上。教师选出2名穿不同颜色号码衣的队员,一名队员运球绕人跑,另一名队员依据前者的路线运球追赶,如果被追上则两人交换追跑角色。

2. 运球跑的队员必须绕过人墙运球,运球追的队员只能按照前面队员的路线运球,否则追上无效;每组运跑或运追的队员,都允许和同组同伴交替换人,即同颜色贴同颜色,1人休息、1人接替运跑或运追;运球跑的队员从开始位置出发,如果连续运回到了起点位置,得1分,如果漏人或换人均不得分,运跑队员只允许1人连续运2圈,必须换人,否则判为违例,交换运追角色;得分多者为胜方(图3-9-16)。

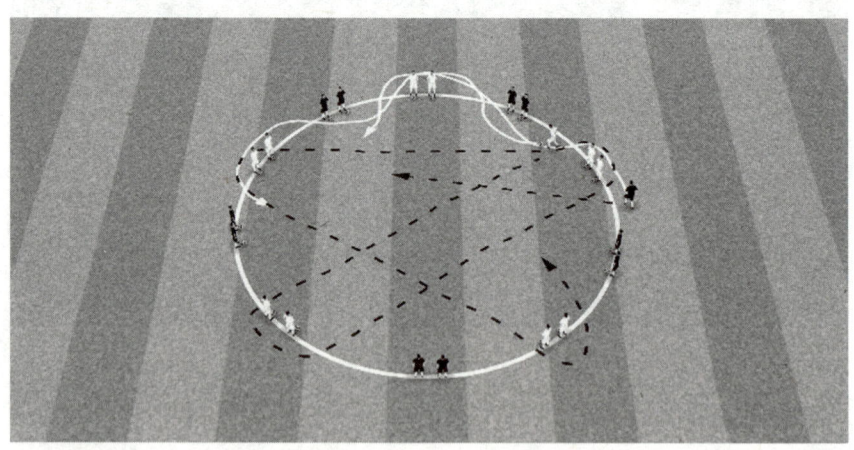

图 3-9-16　追逃犯

◇ **游戏变化**:

1. 教练员鸣哨后,追跑队员互换角色。

2. ……

十七、找朋友

◇ **目标**：提高学生观察和反应能力

◇ **适用阶段**：小学

◇ **人数**：7 人 1 组，分为 3 组

◇ **时间**：5 分钟 1 节，进行 2 节

◇ **场地器材**：直径 25 米的圆圈，标志服 21 件（3 色），足球 21 个

◇ **游戏方法**：

1. 把队员分成 3 组，穿不同颜色的号码衣，在圆圈内进行各种运控球练习，练习中依据教师喊出的口令，场内的队员按要求自由结合，完成相应的变化。

2. 教师的口令可以分为以人数为标准自由组合"2 人 1 组等"，以颜色为标准相应组合"红绿 1 组等"（图 3-9-17）。

图 3-9-17　找朋友

◇ **游戏变化**：

1. 圈内的队员可以用传球的方式完成游戏，如每组 1 个球，同颜色进行连续传球，听教师口令再进行相应组合。

2. ……

十八、小兔子回家

◇ 目标：提高运球、头球的能力

◇ 适用阶段：小学

◇ 人数：4人1组，分成若干组

◇ 时间：5分钟，间歇时间2分钟

◇ 场地器材：30米×10米区域，旗杆、球、球门、标志桶若干，足球若干

◇ 游戏方法：

1. 快乐的小白兔在森林里采了很多新鲜的蘑菇，就在它们回家的路上，可恶的猎人来了，他们躲在树后向小兔子开枪了（将球抛起后砸向小兔子），可是小兔子机敏地躲过了子弹顺利地回到了家里。

2. 运球通过场地另一端线即为回到家，被击中的队员视为失败。回家人数最多的一组为胜方。

3. 抛球队员不得踩线和进入场地内抛球；运球队员不能直接将球踢到场地另一端，必须是运球过线（图3-9-18）。

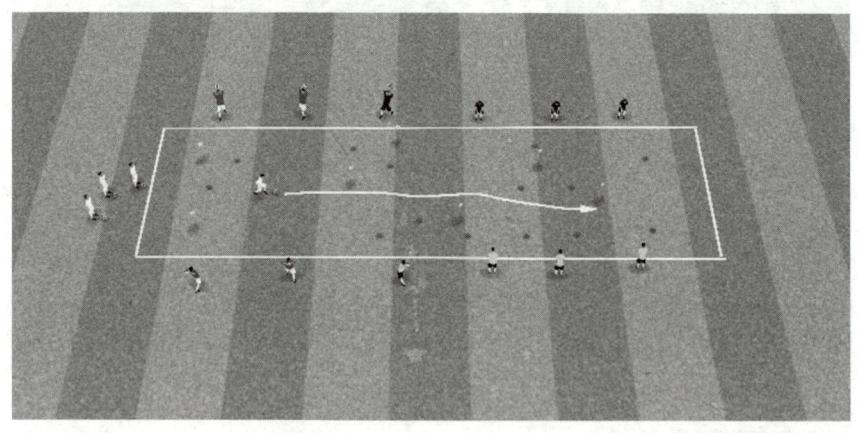

图3-9-18 小兔子回家

◇ 游戏变化：

1. 根据班级人数分组和队员能力调整场地大小。

2. 变化运球方式，变换头顶球的方式，正面、侧面。原地起跳或助跑单脚起跳。

3. ……

十九、跳上钻下

- **目标**：身体灵活性与协调性及勇敢精神
- **适用阶段**：小学
- **人数**：10—12 人
- **时间**：5—10 分钟
- **场地器材**：标准 1/2 篮球场，标志服 12 件（2 色），足球 2 个
- **游戏方法**：

1. 10—12 人，分成人数相等的两组，两组人以两路纵队队形排好，每个人之间保持两米的距离，每个人两腿分开。从最后一个人开始进行游戏，从前一个人的背上跳山羊，然后再从下一个人的裆下钻过去，做到第一个人为止，该队员就要站到队伍最前面当羊，然后队伍的最后一人才能开始按照同样的规则进行游戏，直到所有人都完成游戏为一组。

2. 所有人跳跃第一个山羊的方式可以自由选择（可以选择从山羊背上跳过去，也可以从裆下钻过去）；最后一名队员必须等之前的队员在队伍最前面站好当羊时才能开始游戏；哪一支队伍的全体人员先完成了游戏，谁就是胜利者；比赛分三局两胜制。输的队伍要给赢的队伍鼓掌，并且大声说："你们是最棒的！"（图 3-9-19）

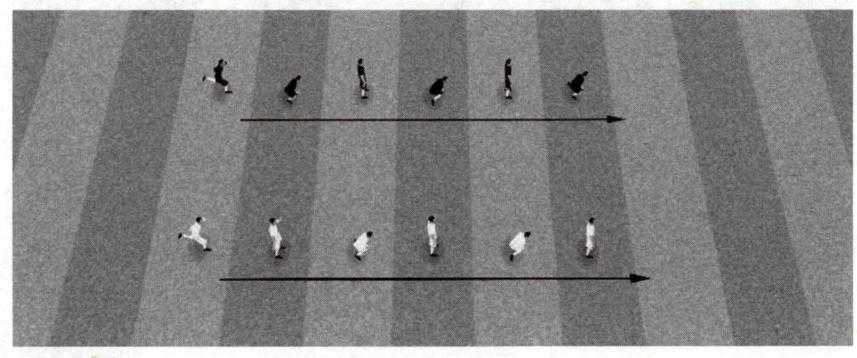

图 3-9-19 跳上钻下

- **游戏变化**：

1. 跳跃第一人把球向前踢出，再穿过山羊，直到跃过最后一人，再将球踢给第二名队员，第二名队员接到球后再开始同样练习。

2. 队员持球，将球从山羊两腿之间踢过，再跃过山羊。

3. ……

二十、打靶

◇ **目标**：提高界外球掷准的能力

◇ **适用阶段**：初中—高中

◇ **人数**：12 人

◇ **时间**：10 分钟

◇ **场地器材**：20 米×20 米区域，半径为 9.15 米的圆（中圈），足球 2 个

◇ **游戏方法**：

1. 白队队员站在 10 米直径的圆形边上，一人持球。红队队员双手拉着，两两一组，自由在圆中间移动，当持球队员喊停后，中间红队队员就不允许再移动。

2. 白队持球队员以掷界外球的方式将球掷给自己同伴，同伴不停球，通过头球和踢空中球的方式将球击向中间的红队队员，被击中的红队队员将被淘汰，没有被击中的红队队员可以移动，白队队员捡球（图 3-9-20）。

3. 记胜方法：通过计时，将中间的 3 组队员全部淘汰，用时短的获胜。

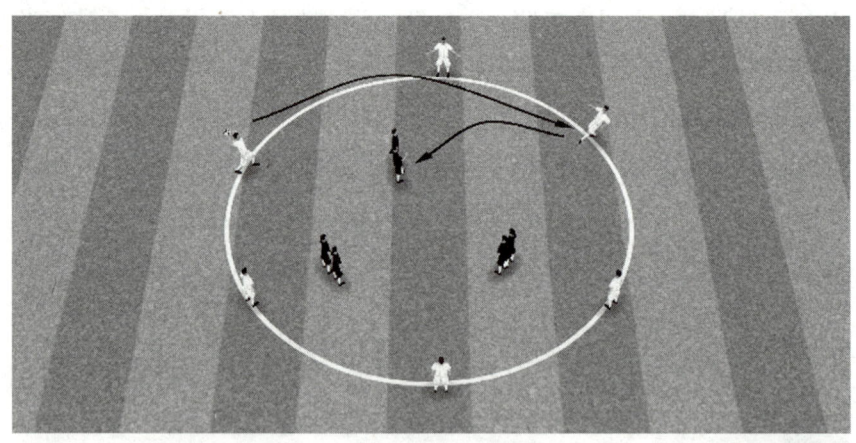

图 3-9-20　打靶

◇ **游戏变化**：

1. 红队队员单独在园内自由移动。

2. 红队队员可以要求指定击球人，或者白队队员的踢球部位进行加注。

3. ……

第四章　足球文化节和嘉年华活动的组织与实施

本章提要：本章主要分析了足球嘉年华活动的概念和具体的组织形式，并且总结出了小学和初中两套不同的足球嘉年华活动的实施方案模板。

第一节　足球文化节与嘉年华活动的基本概述

一、足球文化的概念

（一）文化的概念

文化是一个非常广泛的概念，给它下一个严格和精确的定义是一件非常困难的事情。不少哲学家、社会学家、人类学家、历史学家和语言学家一直努力，试图从各自学科的角度来界定文化的概念。然而，迄今为止仍没有获得一个公认的、令人满意的定义。笼统地说，文化是一种社会现象，是人们长期创造形成的产物，同时又是一种历史现象，是社会历史的积淀物。确切地说，文化是凝结在物质之中又游离于物质之外的、能够被传承的国家或民族的历史、地理、风土人情、传统习俗、生活方式、文学艺术、行为规范、思维方式、价值观念等，是人类之间进行交流的普遍认可的一种能够传承的意识形态。

古今中外似乎有很多很多解释，但综合起来，还其本义，是可以非常准确和精炼地表述的：文化是人类在不断认识自我、改造自我的过程中，在不断认识自然、改造自然的过程中，所创造的并获得人们共同认可和使用的符号（以文字为主、以图像为辅）与声音（语言为主，音韵、音符为辅）的体系总和。用更简练的文字表达，则可缩写为：文化是语言和文字的总和。但这个提法，必须在了解原义的基础上才能使用。不然，就会让人有不够准确甚至有点含糊的感觉。文化是一定社会政治和经济的反映，同时又影响和作用于一定社会的政治和经济，从旧石器时代的发明创造，到康梁的维新变法、何子渊的教育革新，再到孙中山的民主革命都是推动社会向前发展的动力。

广义文化指人类在社会历史发展过程中所创造的物质财富和精神财富的总和。它包括物质文化、制度文化和心理文化三个方面。物质文化是指人类创造的种种物质文明，包括交通工具、服饰、日常用品等，是一种可见的显性文化；制度文化和心理文化分别指生活制度、家庭制度、社会制度以及思维方式、宗教信仰、审美情趣，它们属于不可见的隐性文化，包括文学、哲学、政治等方面内容。

狭义的文化是指人们普遍的社会习惯，如衣食住行、风俗习惯、生活方式、行为规范等。

1871年，英国文化学家泰勒在《原始文化》一书中提出了狭义文化的早期经典学说，即文化是包括知识、信仰、艺术、道德、法律、习俗和任何人作为一名社会成员而获得的能力和习惯在内的复杂整体。

（二）文化的功能

1. 整合功能

文化的整合功能是指它对于协调群体成员的行动所发挥的作用，就像蚂蚁过江。社会群体中不同的成员都是独特的行动者，他们基于自己的需要、根据对情景的判断和理解采取行动。文化是他们之间沟通的中介，如果他们能够共享文化，那么他们就能够有效地沟通，消除隔阂，促成合作。

2. 导向功能

文化的导向功能是指文化可以为人们的行动提供方向和可供选择的方式。通过共享文化，行动者可以知道自己的何种行为在对方看来是适宜的、可以引起积极回应的,并倾向于选择有效的行动,这就是文化对行为的导向作用。

3. 维持秩序功能

文化是人们以往共同生活经验的积累,是人们通过比较和选择认为是合理并被普遍接受的东西。某种文化的形成和确立,就意味着某种价值观和行为规范的被认可和被遵从,这也意味着某种秩序的形成。而且只要这种文化在起作用,那么由这种文化所确立的社会秩序就会被维持下去,这就是文化维持社会秩序的功能。

4. 传续功能

从世代的角度看,如果文化能向新的世代流传,即下一代也认同、共享上一代的文化,那么,文化就有了传续功能。

(三) 足球文化的概念

根据上述的文化的概念和功能,结合足球运动近百年的发展和传承,给足球文化的概念进行界定。

足球文化是指:在校园中开展足球活动过程中所积攒的丰富的足球教学和足球活动经验,培养学生积极参与足球活动的社会习惯。

足球文化的概念是根据足球运动的特点从文化的概念中引申出来的,因此具有文化和足球运动的共同特征,同时也具备了文化的各种功能和足球运动的功能。

二、足球文化节的概念

足球文化节是在我国中小学校园开展的一项活动。这种组织形式只有在校园内开展才能有更多的学生参与,让更多的学生认识足球,了解足球。这符合我国的教育模式,也符合现阶段校园足球开展的需要。

足球文化节是展示足球文化的一种节日性的系列活动的总称,把足球文化的各种表现形式展现出来,例如:足球征文、足球手工、足球比赛等等。通过不同形式的活动,让更多的学生参与其中,从而了解足球的相关知识,掌握足球的相关技能。

结合足球文化的概念,上述足球文化节的特点,将足球文化节定义如下:足球文化节是指在校园内开展的以积累足球活动经验和培养学生积极参与足球活动的社会习惯而组织的全面展示学生在足球方面的德育、智育和体育的一系列活动的总称。

三、足球文化节的组织形式

1. 足球文化节的名称

足球文化节的名称是根据本次足球文化节的具体实施内容和顺应现阶段校园足球运动发展的局势而确定的足球节的名称,例如:"魅力足球、健康快乐";"快乐足球、励志自强"。

2. 足球文化节的目的

足球文化节的目的就是组织本次活动的初衷,希望通过本次活动达到什么样的效果和要求。一般足球文化节的目的包括以下几个方面:政策性目的、情感目的、技能目的和身体目的。

3. 足球文化节的时间

足球文化节的时间是指两个方面,一个是总体的时间安排,具体是在哪个学期进行文化节活动;再一个是每一个具体活动的时间安排,例如足球朗诵比赛安排在本学期的第几周,周几比赛;足球班级联赛安排在第几周开始比赛,比赛几天等。

4. 足球文化节的内容

足球文化节的内容是指根据本次文化节主题设定的一系列和足球相关的活动内容。包括足球技术比赛、足球比赛、足球文采展示、足球艺术展示等活动。这些内容将足球的基本技术、基本知识和其他知识技能结合在一起设计的内容形式,目的是丰富校园文化生活,调动学生参与足球活动的积极性。

5. 足球文化节的评比及奖励办法

足球文化节有着不同形式的比赛和表演,根据学生不同的表现,需要进行优劣的评判,目的是让学生树立竞争意识,积极争取胜利,这和足球比赛的目的是一致的。评判就需要针对每一项活动内容制定不同的评比形式,这就需要结合各个专业的老师来做出相对应的评分表格。比如足球书法比赛,就需要邀请语文组的老师或者书法方面的专家进行评判;校园足球歌曲比赛,就需要音乐组的老师来主动参与。

足球文化节的内容和形式可以多种多样，只要是和足球运动有关的形式都可以进行。但是，足球比赛和足球嘉年华活动则是文化节的主要内容。足球文化节的开展不局限形式，不局限时间，不局限场地，因此可以得到广泛的推广，并且这种形式的活动也深受学生们的喜爱。

四、足球嘉年华活动的概念

1. 嘉年华的由来

"嘉年华"早在欧洲是一个传统的节日。"嘉年华"的前身是欧美狂欢节，最早起源于古埃及，后来成为古罗马农神节的庆祝活动。嘉年华是英文单词Carnival的中文译音，这个美丽的中文名字源于《圣经》中的一个故事：

> 有一个魔鬼把耶稣困在旷野里，40天没有给耶稣吃东西，耶稣虽然饥饿，却没有接受魔鬼的诱惑。后来，为了纪念耶稣在这40天中的荒野禁食，信徒们就把每年复活节前的40天时间作为自己斋戒及忏悔的日子。这40天中，人们不能食肉，不能娱乐，生活肃穆沉闷，所以在斋期开始前的一周或半周内，人们会专门举行宴会、舞会、游行，纵情欢乐，而嘉年华最初的含义就是"告别肉食"。

嘉年华是香港人对狂欢节的意译，并且，在香港的文化中对狂欢节作了本地化，形成了"嘉年华"。

2. 足球嘉年华的概念

足球嘉年华活动是指以足球游戏为媒介，通过组织若干与足球有关的游戏活动，让主体人群参与到足球活动中，达到愉悦身心、学习技能、推广品牌等目的的大型主题活动。

3. 足球嘉年华活动特点

（1）主体鲜明，目的明确。

（2）活动时间集中，总时间不长。

（3）参与人数多，流动性大。

（4）游戏形式简单，方便组织。

（5）游戏内容多以自我完成性游戏为主。

(6) 以自我完成分数或小组完成分数为记胜方式进行奖励。

(7) 参与组织人员要有较强的组织能力,不需要专业技术能力。

第二节 足球文化节和嘉年华活动组织范例

一、小学足球文化节范例

小学开展足球文化节或嘉年华活动可以作为校园足球文化建设的主要活动方式之一。小学阶段学生的学习空余时间较多,课余活动丰富多彩,学生学习没有压力,更适合开展足球文化节和足球嘉年华活动。而且这些活动的主要形式都是以游戏为主,更符合小学生的特点,学生参与度更高。下面就如何开展足球嘉年华活动列举一学校范例。

×××学校校园足球全员运动会实施方案

（一）×××学校足球全员运动会主题

"乐享足球 梦想飞扬"。

（二）×××学校足球全员运动会目的

为更好地贯彻习近平总书记关于加强学校体育工作和青少年健康成长的重要论述精神,认真贯彻落实中央关于加强学校体育的决策部署,结合学生的年龄段特点,积极创新,改变原有的运动会模式,尝试开展全员参与的运动会新形式,为更好地完成第一届全员运动会工作。

（三）比赛时间流程、分工安排

表 4-2-1　×××学校足球全员运动会时间流程、分工安排表

序号	时间	项目	参赛人员	场地	备注
1	9:00—9:30	大课间	全体学生	操场	
2	9:30—9:45	运动会开幕式	全体学生	操场	
运球板块					
3	9:50—10:30	1.投篮入筐	一年级学生	足球场	
4	9:50—10:30	2.运球追逐赛	二年级学生	足球场	
5	9:50—10:30	3.踢双球接力	三年级学生	足球场	
6	9:50—10:30	4.曲线运球接力	四年级学生	足球场	
7	9:50—10:30	5.圆圈运球接力	五年级学生	足球场	
8	9:50—10:30	6.障碍运球接力	六年级学生	足球场	
9	10:30—10:35	健身操《加油,足球!》	啦啦操社团	足球场	
射门板块					
10	10:35—11:00	1.定点射门	一年级学生	足球场	
11	10:35—11:00	2.定点射门	二年级学生	足球场	
12	10:35—11:00	3.踢保龄球	三年级学生	足球场	
13	10:35—11:00	4.九宫格	四年级学生	足球场	
14	10:35—11:00	5.射移动球门	五年级学生	足球场	
15	10:35—11:00	6.定位球比远	六年级学生	足球场	
16	11:00—11:05	舞蹈《校园足球,冲冲冲!》	舞蹈社团学生	足球场	
团队合作板块					
17	11:05—11:25	冲过封锁线	1—6年级学生	足球场	
18	11:25—11:30	社团展示:足球技能	足球社团100人展示	足球场	
19	11:30—11:40	运动会闭幕式	全体学生	操场	

(四)项目规则

1. 投球入筐

(1)适合年级:1年级学生。

(2) 参加人数：场地内可放置4—6个篮筐，每个篮筐周围可有30—40个学生参加比赛（班级人数不多时，可一个班级投一个篮筐）。

(3) 比赛方法：学生从入场门入场后围绕在篮筐方面的圆圈上站好，每人拿2个小球（根据人数多少也可以是3个）。听到"预备"时做好准备，听到枪声后开始投包，投不进的可捡起再投，直至停止的枪声响起，枪响后要立即停止投包，否则将被罚分。比赛停止后，各组的裁判员开始计数，在全场的统一计数的呼喊声逐一向外扔包，直至扔完竖起篮筐，以投进筐多的为胜利。

(4) 比赛场地：200米跑道的中间场地为宜。

(5) 比赛道具：可调节高度的篮筐，各种颜色的小球，发令枪。

(6) 裁判人数：每个篮筐1—2个裁判。

(7) 罚分方法：停止的枪响后再出手投出的球每球罚1分，如进筐则每球罚2分。

(8) 注意事项：球的颜色应与队的颜色一致；篮筐的高度和直径与学生能力相适应，不能投进太多，也不能投进太少，篮筐的高度要能调节；罚分要力求准确、公正和公平；要鼓动全体同学一起计数，以烘托气氛；有条件的话，计数也可用英语和汉语同时计。

2. 运球追逐赛

(1) 适合年级：2年级的学生。

(2) 参加人数：每组20人比赛。

(3) 比赛方法：听到"预备"时，各组第一人站在圈外的起跑线上做起跑动作，听到枪声后运球开始按逆时针进行追逐赛跑，跑一圈后，将球传给第二个人，第二个人接着进行追逐赛跑；如果后面的队伍追逐到前面队的队员时，前面的队立即失败退出比赛，如果跑完20个人也没有队伍退出比赛，那么以后面的队接近前面队的距离判断名次胜负，更接近的名次靠前，如果有两个以上团队中途退出比赛，那么先退出的名次靠后。

(4) 比赛场地：直径40—50米直径的圆圈场地。

(5) 比赛道具：接力棒（圈），发令枪。

(6) 裁判人数：圆圈四周设置4—8个裁判。

(7) 罚分方法：在跑步时踩着线的将被罚分。

(8) 注意事项:场地要足够大,以防止比赛过短地结束;接力时要注意防止碰撞。

3. 踢双球接力赛

(1) 适合年级:3 年级学生。

(2) 参加人数:每个团队 20 名学生参加。

(3) 比赛方法:每队的 10 名学生在比赛场地的一端的起点线后集体站立,准备比赛;听到枪声后,各队开始踢"双球"(将两个球装在网兜中)向前奔跑,在标志旗处绕回,将球踢给第二个学生,并把接力彩带挂在第二个学生身上,完成接力,直至最后一个同学跑完;比赛结束,以各队结束的顺序(也可以时间)为名次,决定胜负。

(4) 比赛场地:30 米见方的场地。

(5) 比赛道具:发令枪,双球,标志旗。

(6) 裁判人数:每个比赛团队 1—2 个裁判。

(7) 罚分方法:对集合和退场行动迟缓的、在起跑线以外处挂彩带的进入比赛的行为酌情进行罚分。

(8) 注意事项:此项比赛比较好玩,和其他比赛不一样,这个比赛不需要在运动会之前进行练习,以保证一些意外和失误,使比赛更加有趣,要提醒学生不要犯规,要遵守纪律。

4. 曲线运球接力赛

(1) 适合年级:4 年级学生。

(2) 参加人数:争取使全体学生参加。

(3) 比赛方法:分为若干队,场地两边(或一边)成纵队站立,听到裁判"各就位"的口令后,各队第一个人跑到"起跑线"处站立,听到枪声后,立即运球绕雪糕筒做曲线跑;跑过最后一个雪糕筒后,直接运球跑回起跑线,将球踢给同伴后,同伴开始接力,以此类推,直至各队各组比赛完成为止,完成快的队为胜利。

(4) 比赛场地:场地的长度要根据学生完成运球接力的能力的难度而定,场地的宽度要根据参加的团队数多少而定,大约 40 米见方为宜。

(5) 比赛道具:足球,发令枪,雪糕筒。

(6) 裁判人数:发令裁判 1 名,其余裁判 4—5 名。

(7) 罚分方法：对有意犯规现象的团队要下罚一个名次。

(8) 注意事项："运几个球"是影响比赛激烈和顺畅程度的关键，要经过试验，取得合适的难度；罚分要力求准确、公正和公平。

5. 圆圈运球接力赛

(1) 适合年级：5年级学生。

(2) 参加人数：争取全体学生参加。

(3) 比赛方法：分为若干队，各队人数是5的倍数，即5人一组，场地两边成纵队站立，听到裁判"各就位"的口令后，各队第一个5人组跑到"起跑线"处站立，听到枪声后，各组拉手成圆圈一起踢两个球向对方快速移动；到达对面的起跑线后，将两个球踢给对面的同伴组，对面组开始接力，以此类推，直至各队各组比赛完成为止，完成快的队为胜利。

(4) 比赛场地：场地的长度要根据学生（或和家长）完成接力的能力的难度而定，场地的宽度要根据参加的团队数多少而定，大约40米见方为宜，使比赛更具挑战性为原则。

(5) 比赛道具：足球，发令枪。

(6) 裁判人数：发令裁判1名，其余裁判4—5名。

(7) 罚分方法：对有意犯规现象的团队要下罚一个名次。

(8) 注意事项："运几个球"是影响比赛激烈和顺畅程度的关键，要经过试验，取得合适的难度；罚分要力求准确、公正和公平。

6. 障碍足球接力赛

(1) 适合年级：6年级学生。

(2) 参加人数：全体学生参加。

(3) 比赛方法：分成6个分队。在特定区域内进行穿越障碍足球接力赛。听到裁判"各就位"的口令后，每组第一名同学将球摆在起始区域等候发令。当听到裁判哨声，每组第一名学生开始进行运球穿越障碍，当第一名同学将全部障碍穿越后，交给本队的下一个，依次轮换，直至所有队员做完，计时结束。ABC队先做，完成后则轮换DEF，方法同样；全部比赛停止后，裁判员开始计分，用时最少的团队为胜利。

(4) 比赛场地：场地的大小要根据参加人数多少而定，大约50—60米之间；比赛场地大,跑动距离长,障碍多,才能使比赛更具有挑战性和趣味性。

(5) 比赛道具:足球,发令哨。

(6) 裁判人数:发令裁判1名,其余裁判4—5名。

(7) 罚分方法:有意少绕过障碍者取消成绩,无意少绕过障碍者则给本队最终成绩上追加1秒,以此类推。

(8) 注意事项:场地的距离和穿越障碍速度是比赛激烈程度的关键,要经过试验,取得合适的难度;计时要力求准确、公正和公平;要鼓动全体同学一起加油,以烘托气氛。

7. 集体足球射门大赛(定点射门)

(1) 适合年级:1、2年级学生。

(2) 参加人数:每队50人。

(3) 比赛方法:A团队全体学生各持一个足球,成一臂间隔排成几列横队,在准备线后集合,成蹲立状态。听到裁判"各就位"的口令后,第一排学生迅速跑到"踢球区"后3米的"踢球预备线"处站立。听到哨声后,各自向球门内射门;第一排射门后迅速后撤到最后一排蹲立;此时,第二排迅速站起到"射门预备线"处准备,以此类推,直至全团队射完门为止。裁判员开始收集射进门的球,放进同样数量的标志球在计分筐内等待最后计数。A团队射门结束后,则轮换B团队开始射门,方法同样。全部比赛停止后,裁判员在全校的齐声数数声中开始计数,射进球门多的团队为胜利。

(4) 比赛场地:场地的大小要根据踢球线和球门之间的距离而定,场地的宽度要根据参加人数多少而定,大约30—40米之间;而踢球线和球门之间的距离则要根据学生的射门能力而定,要定在只有三分之一左右的学生可以射进球门的距离为宜(为的是要有比较适宜的难度而具有挑战性)。

(5) 比赛道具:足够的足球,发令枪,收集标志球的球筐,标志球。

(6) 裁判人数:发令裁判1名,其余裁判4—5名。

(7) 罚分方法:无意越线犯规者取消射进的球,有意越线犯规者取消射进的球以外加罚一个射进的球。

(8) 注意事项:场地的距离是比赛激烈程度的关键,要经过试验,取得合适的难度;罚分要力求准确、公正和公平;要鼓动全体同学一起计数,以烘托气氛;如是高年级的比赛可用英语和汉语同时计。

8. 踢保龄球

(1) 游戏规则:将10个保龄球摆放成三角形,游戏开始后队员脚持足球站在10米线外,持球队员用脚把足球踢向保龄球,以击倒保龄球的多少来记分。每组20人,每人有一次踢球的机会,按踢倒多少判定最终成绩并将成绩加总,多者胜出。保龄球通过其他方式倒地,则摆放原地重新开始不计分。

(2) 比赛道具:保龄球桶,足球。

9. 九宫格射门比赛

(1) 游戏规则:学生20人为一组;每个学生有1次射门机会;参赛人员需站在指定位置进行射门;足球门上的九个格的计分依次是:上面三格9分、7分、8分,中间三格6分、4分、5分,下面三格3分、1分、2分。

(2) 记胜方法:每组学生累计射中球门的成绩总和为该组最终成绩,累计射中球数最多者获胜。

10. 移动球门射门赛

(1) 适合年级:5年级学生。

(2) 参加人数:每队20人。

(3) 比赛方法:场地中放置一个可移动的球门(球门下安置小滑轮,球门大小根据学生能力进行调整);学生从入场门入场后在场地一侧成横队站立,每人1个足球;听到"预备"的口令时,同学们做好射门准备;听到枪声后,球门开始移动,同学们开始射门,球门来回移动一次,同学们自己判断时机进行射门;球门来回移动一次后,比赛停止,裁判员计算本组射进球门的球数;第二个团队开始比赛,方法同样。各个团队都射门后,比赛彻底结束,以射进球门多的团队为胜利。

(4) 比赛场地:以学生射门能力进行设计场地。

(5) 比赛道具:足球,发令枪。

(6) 裁判人数:发令员1人,裁判4名左右,拉动球门移动的裁判2—4人。

(7) 罚分方法:不得用同伴射门过的球再行射门,否则罚分。

(8) 注意事项:球门大小应与学生射门能力相适应,不能使球射进的太多,也不能使球射进的太少,简易的方式就是调整射门的距离;罚分要力求准确、公正和公平。

11. 踢长传球比远赛

(1) 适合年级:6年级学生。

(2) 参加人数:全体学生参加。

(3) 比赛方法:A团队全体学生各手持一个足球,成一臂间隔排成几列横队,在准备线后集合,成蹲姿。听到裁判"各就位"的口令后,第一排学生迅速跑到"踢球线"后3米的"踢球预备线"处站立。听到哨声后,各自用踢长传球的动作向目标线奋力踢球。第一排踢完后迅速后撤到最后一排蹲立,此时,第二排迅速站起到"踢球预备线"处准备,以此类推,直至全团队投完为止。裁判员开始计算成绩。A团队踢完球后,则轮换B团队开始踢球,方法同样。全部比赛停止后,裁判员开始计数计分,得分多的团队为胜利。

(4) 比赛场地:场地的大小要根据踢球线和得分线之间的距离而定,场地的宽度要根据参加人数多少而定,大约30—40米之间;得分线和投掷线之间的距离要根据学生的踢球能力而定,要定在只有三分之二左右的学生可以得分的距离为宜,使比赛更具挑战性。

(5) 比赛道具:足球,发令枪。

(6) 裁判人数:发令裁判1名,其余裁判4—5名。

(7) 罚分方法:无意越线犯规者取消成绩,有意越线犯规者取消成绩以外加罚1分。

(8) 注意事项:场地的距离是比赛激烈程度的关键,要经过试验,取得合适的难度;罚分要力求准确、公正和公平;要鼓动全体同学一起加油,以烘托气氛。

12. 运球冲过封锁线

(1) 适合年级:1—6年级学生。

(2) 参加人数:某个年级的全体学生参加。

(3) 比赛方法:A团队全体学生在出发区域准备闯关,B团队的学生选出9名作为拦截手和阻击手(5名拦截手、4名阻击手)进行闯关的拦截。听到枪响后,A团队的成员依次带球进入场地进行闯关,而B团队的4名阻击手在闯关场地的阻击区两侧投沙包"阻击"A团队的人员,B团队的5名拦截手则在拦截区内拦截A团队的成员闯关,最后没有被B团队"阻击"和拦截而顺利通过到达终点的人员被计为闯关胜利者。A团队闯关结束后,则轮换B团队开始闯关,方法同样。全部比赛停止后,以闯关胜利者多的团队为胜利。

(4) 比赛场地：长60—80米，宽12—16米（根据学校场地及学生年级的情况而异）的狭长场地，场地中设有4个阻击区和5个拦截区。

(5) 比赛道具：沙包，发令枪。

(6) 裁判人数：10名裁判（每个拦截区和阻击区各2名裁判）。

(7) 罚分方法：被阻击手沙包投中、被拦截手触及的人员以及闯关时出界的人员要自觉退出比赛，如明知失利而继续比赛者将被加罚1分（一个胜利者的分数）。

(8) 注意事项：场地的大小要经过试验，难度要适中（即闯关胜利者的人数不能太多，也不能太少）；闯关团队在闯关不要太过集中拥挤，以免发生危险。

××××××小学
××××年×月×日

二、初中足球文化节范例

初中阶段，学生学业比小学重，学生课余时间较少，参与体育运动和足球运动的时间也有所限制，因此在组织足球文化节和嘉年华活动时相对可以使用的时间较短，就要求在有限的时间内尽可能地丰富活动内容，增加学生的参与度。下面就如何开展足球嘉年华活动列举一学校范例。

×××中学足球嘉年华活动范例

（一）活动主题

"快乐足球　放飞梦想"。

（二）活动目的

响应国家体育总局、教育部联合发起的青少年校园足球活动，顺应足球项目将正式成为明年中考体育考试科目的趋势，通过足球活动，让学生获得足球运动的快乐，在比赛中锻炼身体，培养团队意识和拼搏精神，提高竞争意识和公平意识；为学生提供展示并发展才能的舞台；形成以足球联赛为中心，辐射阅读、写作、艺术创作、综合实践、思想道德建设等方面的更加丰富的、立体式的、动静结合的校园文化氛围。

（三）活动时间安排

20××年×月×日——×月×日

（四）组织机构及分工

1. 竞赛组

体育组及足球教练组全体成员及小裁判员，全面协调竞赛各项工作。

2. 宣传组

团委广播站专门组织招募本次足球文化节小记者，组建记者团。负责足球文化节期间的海报、文字宣传工作，负责足球文化节期间的摄影及所有材料的归档留底。

3. 纪律组

主要负责为班级管理和拉拉队组织情况等打分，作为"最佳组织奖"的评分参考。

4. 医疗、保卫组

负责比赛期间运动员的医疗保健工作以及安全工作。

5. 后勤组

各项活动负责比赛所需器材、场地的布置，足球文化节奖状及相关奖品准备。

（五）活动内容

(1) 启动仪式：×月×日升旗仪式（或大课间）上举行。

(2) 足球游戏嘉年华：七年级，×月×日——×月×日；八年级，×月×日——×月×日。

(3) 足球黑板报设计：×月×日——×月×日。

(4) "我是颠球王"比赛（七、八年级各班级男生12人、女生8人）：×月×日。

(5) 班际足球联赛（七、八年级8人制男子足球赛）：×月×日——×月×日。

(6) "我与足球的故事"主题征文活动（七、八年级）：×月×日——×月×日。

(7) 闭幕式（×月×日大课间举行）：宣布各项活动的名次，进行表彰奖励。

（六）奖励办法

(1) 各年级联赛冠亚军分别颁发奖杯一座。

(2) 足球文化黑板报评比年级第一、二、三名将颁给奖状一份。

(3) 其他个人单项获奖者及足球嘉年华活动通关者将颁给奖状及一份精美礼

品。

（七）其他说明

（1）七、八年级各班级班主任在校园足球文化节启动前配合体育老师组织成立各班级男子足球，并利用体育课和课外活动时间展开训练。

（2）足球嘉年华活动、颠球比赛和班级足球联赛活动具体方案将另行通知。

××××× 中学
20××年×月×日

参 考 文 献

[1] 龚坚.体育游戏与健康[M].重庆:西南师范大学出版社,2004(12).

[2] 姚维国.体育游戏[M].人民体育出版社,2012(9).

[3] 秦兴波.教学法对初中体育课堂教学的作用研究[D].苏州大学硕士学位论文,2015.3.

[4] 项江.论体育游戏的游戏性[D].首都体育学院硕士学位论文,2008.5.

[5] 现代汉语词典[M].北京:商务印书馆,1978.

[6] 辞海[M].上海:上海辞书出版社,1999.

[7] 曹中平.儿童游戏论[M].银川:宁夏人民出版社,1999.

[8] 体育游戏在初中体育教学中的应用研究[D].山东师范大学硕士学位论文,2011.6.

[9] 王秀梅.论初中体育教学游戏的选择和应用[J].哈尔滨体育学院学报,2000.4.

[10] 杨耀华.体育教学中选择体育游戏的基本原则[J].焦作工学院学报,2004.8.

[11] 董娥.体育游戏在小学体育教学中的应用研究[D].苏州大学硕士学位论文,2013.3.